Cómo vivir de rentas inmobiliarias en España

Descubre cómo generar ingresos

pasivos mediante inversión en

bienes raíces

Primera revisión: junio, 2020

Sexta revisión: octubre, 2022

PRÓLOGO

Vivir de rentas, un clásico que nunca pasará de moda. De manera generalizada entendemos este concepto como el vivir de ingresos provenientes de arrendamientos, aunque esta definición se podría extender a cualquier forma de ingreso pasivo.

El mercado de bienes raíces es una forma de inversión que siempre ha estado presente, y más allá de las cíclicas crisis es un sector que se considera seguro, por varios motivos.

Para empezar un inmueble es un bien que por sí solo tiene un valor real, esto es el valor del propio inmueble, a diferencia de por ejemplo productos derivados de inversión y otros tipos de activos intangibles. Este valor intrínseco es el que permitía antes de la crisis de 2008 que el banco otorgara hipotecas por encima del 80% del valor de tasación (o de compra) del inmueble, pues este sabía que si algo salía mal en la operación se convertía en el titular del propio bien hipotecado a un precio de descuento.

El otro aspecto clave de los bienes raíces es que son un bien primordial para la vida de las personas, un bien básico, tal es así que lo reconoce la propia Constitución. Es decir, está claro que las personas precisan de una vivienda y por tanto hay que definir una estrategia de negocio centrada en las zonas que tienen demanda constante, como son típicamente los centros urbanos.

El mercado inmobiliario lleva décadas dando unos rendimientos promedio de entre el 5 y el 9% anual (dependiendo de la ubicación), lo que lo convierte en un activo atractivo por su rentabilidad, digamos media, con un riesgo bajo (por el propio valor del inmueble que se mencionó más arriba).

Este tipo de inversión tiene sus pros y sus contras, que detallaremos ampliamente más adelante, pero lo importante es que estos últimos se pueden controlar y con ello mitigar las desventajas del sector. Me gusta también que a diferencia de lo que popularmente se cree, este es un modelo de negocio que aporta valor a la sociedad, pues al rehabilitar inmuebles en desuso ponemos en el mercado nuevos espacios que se convertirán en vivienda u oficinas, ampliando de esta manera el parque inmobiliario útil de la zona.

En mi caso, yo entré por circunstancias personales en este tipo de inversión, compré en 2009 una vivienda habitual de altas calidades para disfrute propio, y por motivos que no vienen al caso tuve que trasladarme geográficamente. Esta vivienda la compré para uso particular estable, y por tanto no pretendía especular con el precio, además fue adquirida en esas fechas concretas impulsado por las políticas fiscales e impuestos de la época. Al poco de comprarla se devaluó un 20% por la crisis inmobiliaria (ya anteriormente habían caído los precios de la zona otro 20%). Este afán por no perder el dinero invertido por la devaluación del inmueble me llevó a alquilar esta vivienda; ello me sirvió de inicio forzado para entrar en este mercado, de lo cual no me arrepiento sino más bien al contrario.

La experiencia me ha servido para solucionar cada obstáculo y aprender a manejar la situación como un negocio, dejando de lado sentimentalismos. Al inicio no fue fácil, pues al ser mi anterior vivienda habitual era muy reticente a alquilarla. Ahora, visto en perspectiva, si bien esta inversión en concreto no es la más rentable que se puede encontrar en este sector (lo cual es positivo pues deja margen de mejora en futuras inversiones) me ha venido dando unos beneficios aceptables y una experiencia y conocimiento únicas que me han servido para adentrarme en este tipo de inversiones. Es por ello que quiero compartir contigo en este ejemplar una estrategia de inversión mixta en mercado inmobiliario centrada en el alquiler de vivienda habitual.

Te confieso que mi objetivo es la libertad financiera, y para ello compartiré contigo ciertos criterios económicos para que tú también puedas acercarte a ella, con este o con otro tipo de inversiones.

1. PRINCIPIOS ECONÓMICOS

La libertad financiera – Parte 1

Podemos entender por libertad financiera la capacidad de generar ingresos pasivos de nuestros activos (inversiones) que cubran nuestros costes de vida.

Por resumirlo, si gastas de promedio 1.200€ al mes entre coste de vivienda, comida, transporte, salud, vestimenta, bienes básicos, ocio, cultura y turismo (es decir absolutamente todos los gastos) y por contra tienes unos ingresos pasivos de 1.500€ mensuales se entendería que habrías logrado la independencia o libertad financiera, pues no dependes de un sueldo para cubrir tus costes.

Por tanto, existen dos variables básicas para llegar a este superávit, y son gastar poco e ingresar mucho. Esto es lo que el famoso autor Robert Kiyosaki define como tener una buena defensa y un buen ataque respectivamente.

Si gastas poco (buena defensa) te costará menos llegar a la independencia financiera, pues la cifra que precisas es menor. Este concepto se conoce también como frugalismo (es decir austeridad).

Lo mismo pasa si tus ingresos son altos, por tanto la combinación de ambas variables es muy importante para lograr el ansiado objetivo.

Una vez nos planteamos cuales son nuestros gastos el siguiente paso es saber de qué capital precisamos para que una vez invertido nos proporcione rentas suficientes para cubrir estos costes. Entraremos en detalle un poco más adelante.

Por cierto, la obtención de la libertad financiera no significa que no puedas trabajar nunca más, significa que tienes la opción de escoger si quieres hacerlo o no, de si quieres trabajar menos horas, de si te apetece viajar con tu familia o si prefieres explorar nuevas aventuras laborales sin la presión de depender de trabajar por cuenta ajena de forma imperativa.

Quiero aclarar esto porque es un concepto que a priori no todo el mundo entiende de primeras. Al mencionar que quiero la libertad financiera no me refiero a pasar el resto de vida en la playa, sino a tener la seguridad de no depender ni del mercado laboral para cubrir mis necesidades ni depender en un futuro de un Estado que me cubra la jubilación. Esta sensación de libertad es la que ansío y poco a poco me voy acercando a ella.

Nuestro principal enemigo es la inflación

Entrando en materia, supongo que sabrás que el primer enemigo a combatir es la inflación, esto es el incremento del precio de los bienes año tras año. Así pues si tenemos nuestro capital sin invertir, y por ejemplo la inflación es del 2% de promedio anual, estamos perdiendo este porcentaje en poder adquisitivo cada año (porque tendremos el mismo capital pero los bienes y servicios cada vez son más caros). Por ello, cualquier inversión que realicemos debería como mínimo superar a la inflación.

Entraré de manera sucinta en conceptos económicos básicos, que si bien no son imprescindibles para la inversión inmobiliaria sí que es importante tener claros para acotar cómo y cuándo obtener la libertad financiera.

Interés Simple

Para empezar definiremos el interés simple. Este es el porcentaje de beneficio que logra el prestatario/inversor anualmente (u otro periodo temporal establecido) a cambio de su dinero.

Por ejemplo en la bolsa de valores las empresas reparten beneficios, y parte de estos son en forma de dividendos. El interés sería el % obtenido entre el importe del dividendo y el valor de cada acción.

En el caso de un préstamo este sería el tipo de interés que se paga al prestatario (banco u otra entidad o persona).

Fórmula del Interés simple

$VF = VA (1+n*i)$

- VF = Valor Futuro (o Valor Final)
- VA = Valor Actual
- i = Tasa de interés anual
- n = Periodo de tiempo (en años)

Ejemplo 1 interés simple

Pido al banco 5.000€ mediante un préstamo a 5 años y un tipo del 8%.

VF = 5.000€ (1+5*8%) = 7.000€ es decir, al final del plazo habré devuelto un total de 7.000€ (5.000 de principal y 2.000 de intereses).

Ejemplo 2 interés simple

Tengo 215 acciones de REPSOL. Cotiza actualmente a 14€ por acción, con lo que el valor de mi cartera es de 3.010€. La semana que viene reparte dividendos 0,6€/acción, con lo que percibiré 129€. Calcularé el interés de esta operación con un periodo de inversión de 1 año.

3.010 + 129 = 3.010€ (1+1*i)

3.139 /3.010 = 1+i

i = 1,0429 -1 = 0,429 esto es 4,29%

Interés Compuesto

La principal diferencia del interés compuesto respecto del simple es que en el primero reinvertimos los intereses obtenidos (normalmente de forma anual).

Esta reinversión de los intereses genera un efecto bola de nieve, que hace que conforme pase el tiempo el capital final sea cada vez mayor.

Fórmula del Interés Compuesto

$VF = VA (1+i)^n$

- VF = Valor Futuro

- VA = Valor Actual

- i = Tasa de interés anual

- n = Periodo de tiempo (en años)

Ejemplo 3 interés compuesto

Tengo un depósito de 10.000€ por el que me dan un interés anual del 1%. Veamos que pasa al cabo de 5 años.

VF = 10.000 $(1+1\%)^5$ = 10.510,10€

Manualmente (sin la fórmula) esto lo calcularíamos como:

Año	Principal	Intereses	Total
1	10.000,00€	100,00€	10.100,00€
2	10.100,00€	101,00€	10.201,00€
3	10.201,00€	102,01€	10.303,01€
4	10.303,01€	103,03€	10.406,04€
5	10.406,04€	104,06€	10.510,10€

Vemos que cada año se incrementan un poco las ganancias, debido a que obtenemos intereses de los intereses. Si el tipo de interés fuera mayor, observaríamos un incremento notable en las cifras. Lo veremos en el ejemplo siguiente.

Ejemplo 4 interés compuesto

Tenemos 10.000€ invertidos en una plataforma de crowdfunding (micropréstamos online) que nos da un interés promedio del 10%. Reinvertiremos los beneficios y mantenemos esta operación durante 5 años.

$$VF = 10.000 \ (1+10\%)^5 = 16.105,10€$$

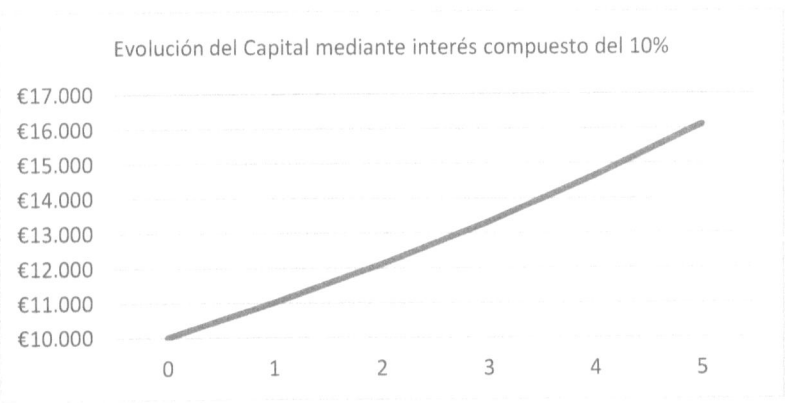

Vemos que en este segundo ejemplo se aprecia una notable mejora de los resultados obtenidos, gracias al buen interés ofrecido.

Comparativa interés simple Vs interés compuesto

Veamos un ejemplo práctico comparando la evaluación del ahorro en los casos del interés simple y el compuesto. Cogemos tres importes iniciales distintos, de 10, 30 y 50 mil euros y vemos su evolución con el tiempo considerando un interés (rendimiento) del 5%. Este rendimiento se podría obtener fácilmente con acciones de la bolsa de valores o mediante un buen fondo de inversión.

Ambos intereses los podemos calcular rápidamente en una hoja de cálculo sin ni siquiera tener que aplicar las fórmulas.

> **El interés compuesto reinvierte los beneficios mejorando el rendimiento final**

	Capital inicial			Capital inicial		
	€10.000	€30.000	€50.000	€10.000	€30.000	€50.000
Años	Evolución del capital IC			Evolución del capital IS		
5	€12.763	€38.288	€63.814	€12.500	€37.500	€62.500
10	€16.289	€48.867	€81.445	€15.000	€45.000	€75.000
15	€20.789	€62.368	€103.946	€17.500	€52.500	€87.500
20	€26.533	€79.599	€132.665	€20.000	€60.000	€100.000
30	€43.219	€129.658	€216.097	€25.000	€75.000	€125.000

Considerando rentabilidad 5%

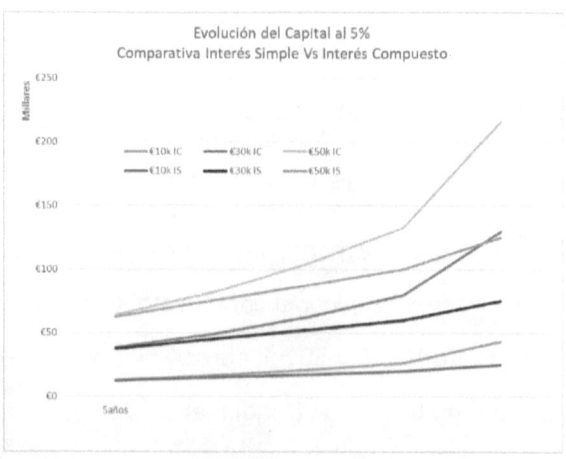

Vemos como conforme pasa el tiempo la rentabilidad obtenida con los dos sistemas diverge progresivamente. El interés compuesto en este caso resulta:

- Un 9% más rentable a los 10 años
- Un 19% más rentable a los 15 años
- Un 33% más rentable a los 20 años
- Un 73% más rentable a los 30 años

Por aclarar la explicación, obviamente esta rentabilidad extra es a costa de renunciar en el momento actual del disfrute de los intereses para recoger estos frutos a largo plazo. Cada quien luego se tendrá que adaptar a su situación personal. Pero lo importante es tener el concepto teóricamente claro.

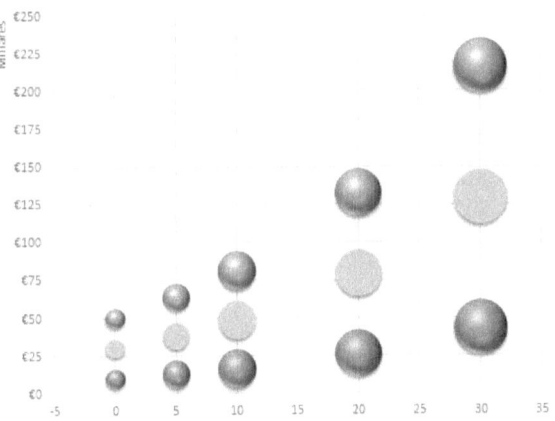

Conclusiones del interés compuesto

Hemos observado que el interés compuesto supone una rentabilidad extra considerable al compararlo con el interés simple.

Las dos principales conclusiones observadas son:

• Las diferencias se hacen más evidentes conforme más tiempo pasa

• Para mayores cantidades la diferencia final de rendimiento es mayor

Por tanto, lo que sí que está claro es que cuanto antes inicie una persona su ahorro e invierta el mismo mayor rendimiento obtendrá.

La regla del 4%

El objetivo de este apartado es definir qué importe/porcentaje de ahorro privado podemos gastar de manera periódica en nuestro retiro de manera sostenible, es decir cuánto podemos gastar para no consumir nuestros ahorros.

Se define la tasa de reembolso como el importe que retiraremos cada año una vez llegada la jubilación o independencia financiera.

Mientras nuestro dinero invertido nos sigue produciendo beneficios, punto que hemos visto en el apartado del interés compuesto. Pero si extrajéramos el grueso de nuestra inversión durante un mercado bajista estaríamos perdiendo mucho beneficio, por tanto ¿cómo controlar este riesgo?

Te presento *La regla del 4%*.

La teoría es la siguiente, si suponemos una inflación (aumento del coste de la vida) promedio del 2.5%, y por otro lado tenemos que el fondo de inversión (por poner un ejemplo) nos da un rendimiento anual medio después de impuestos de 6.5%, el resultante es un valor real de revalorización neto de nuestro fondo de inversión del 4%. En teoría si extrajéramos nuestros ahorros paulatinamente a un ritmo del 4% anual nunca agotaríamos nuestro fondo de inversión.

Esta regla del 4% fue estudiada por la universidad de Trinity (San Antonio, Texas). He de destacar que los % indicados no son exactamente los usados en el mencionado estudio, simplemente es para que te hagas una idea.

En este estudio calcularon como se comportaban durante 30 años los ahorros teóricos formados por un 50% de acciones americanas (S&P500) y un 50% de bonos americanos, vemos que en el año 1966 (peor escenario posible) nuestros ahorros aún se conservaban con una extracción sostenida máxima ligeramente por encima del 4%. Es decir, si hubiéramos tenido la mala suerte de jubilarnos el peor año posible (por las fluctuaciones del mercado), nuestra cartera (o portafolio) hubiese resistido eternamente con una tasa de reembolso del 4% o inferior.

> **Si retiramos anualmente en nuestro retiro un 4% de nuestros ahorros y reinvertimos el resto teóricamente nunca se agotarán**

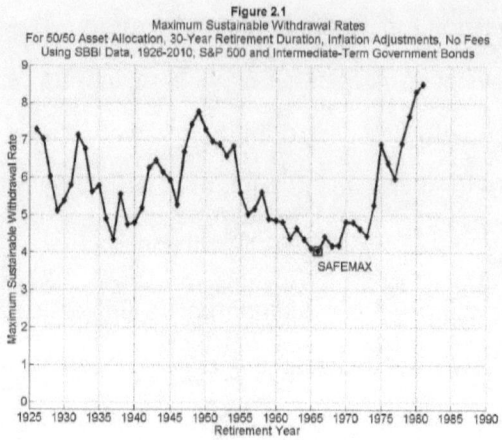

Fuente:

http://wpfau.blogspot.com/2012/02/trinity-study-and-portfolio-success.html

Obviamente esta cifra depende del reparto entre acciones y bonos, pero es un buen ejercicio para poder tener una cifra objetivo. Este estudio ha sido revisado y mejorado posteriormente, pero podemos decir que en general hay un consenso en el mundo económico al definir el 4% como un porcentaje razonable.

Ejemplo:

Pongamos el caso de que decidimos que con 1.200€ al mes tenemos suficiente para vivir (siempre hablo de valor actual del dinero, piensa que el efecto de la inflación ya está descontado en esta regla del 4%), punto más que probable, porque ya tendremos la hipoteca pagada y es posible que tengamos alguna otra fuente de ingresos (pensión pública o privada, inmuebles alquilados...). En este caso suponiendo una fiscalidad promedio del 20% obtendríamos que anualmente podríamos retirar: 1.200€ x 12/0.8 = 18.000€. Esto nos lleva a la conclusión que debemos llegar al momento de retiro con unos ahorros de 450.000€ (esto es 18.000€/4%), es decir, ¡cuando alcancemos esta cifra estamos preparados para decirle adiós al jefe! Otra forma de calcularlo rápidamente es multiplicando por 25 la cifra anual que necesitas para vivir (impuestos incluidos como hemos visto): 18.000€ x 25 = 450.000€.

Aún en el caso que no alcancemos estas cifras podemos plantearnos estos ahorros como un extra en nuestra futura jubilación, así que animo a todo el mundo a invertir para acercarse un poco más a la libertad financiera.

La libertad financiera – Parte 2

Principios de Robert Kiyosaki

Buena defensa y buen ataque

Como mencioné en el capítulo anterior, según Robert Kiyosaki, para conseguir la independencia financiera necesitamos un buen ataque y una buena defensa. Esto se resume en gastar poco, ahorrar y ganar mucho. Por tanto necesitamos reducir gastos, aumentar ingresos y sacar rendimiento de nuestros ahorros.

El cuadrante del flujo del dinero

"la gente aprende a trabajar por dinero... pero nunca aprenden a que el dinero trabaje para ellos"

Robert Kiyosaki

Analicemos los 4 cuadrantes del flujo del dinero que define el mencionado autor:

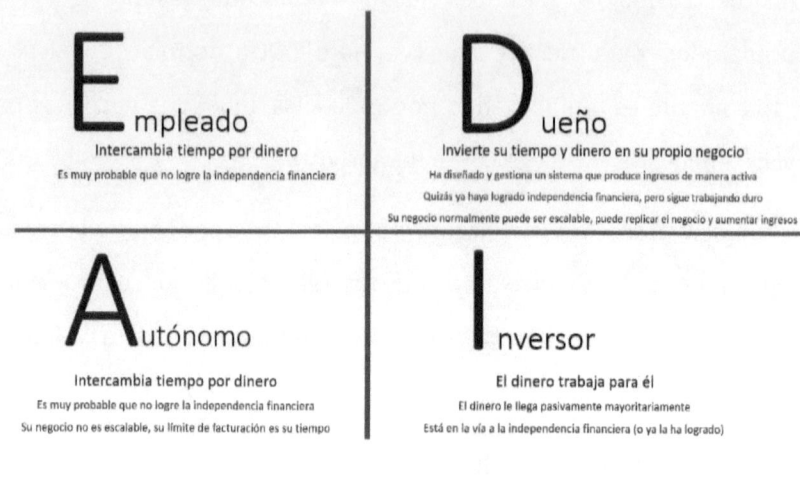

Empleado

Intercambia tiempo por dinero

Es muy probable que no logre la independencia financiera

Dueño

Invierte su tiempo y dinero en su propio negocio

Ha diseñado y gestiona un sistema que produce ingresos de manera activa

Quizás ya haya logrado independencia financiera, pero sigue trabajando duro

Su negocio normalmente puede ser escalable, puede replicar el negocio y aumentar ingresos

Autónomo

Intercambia tiempo por dinero

Es muy probable que no logre la independencia financiera

Su negocio no es escalable, su límite de facturación es su tiempo

Inversor

El dinero trabaja para él

El dinero le llega pasivamente mayoritariamente

Está en la vía a la independencia financiera (o ya la ha logrado)

Empleado

Intercambia su tiempo por dinero.

En el gráfico anterior no he querido poner las típicas etiquetas de seguridad, libertad... porque no estoy de acuerdo con ellas. Me explico, hay personas que definen el ser empleado como "seguridad"; yo les preguntaría a los miles de empleados de la banca o en los astilleros despedidos en la última década qué opinan, así como tantos otros afectados por despidos masivos y EREs.

El trabajar por cuenta ajena brinda una falsa sensación de seguridad, que se desquebraja por completo cuando llega un despido, y se ve agravado si coincide con una crisis, porque entonces las ofertas laborales escasean. Hay casos que son especialmente sensibles, como los despidos a los mayores de 50.

A mi modo de entender, la idea de que las empresas dan seguridad surgió con el gran crecimiento industrial de principios del siglo XX. Las empresas crecían de manera consistente y estable. Como te habrás dado cuenta, las cosas han cambiado bastante, y el acelerado desarrollo de la tecnología actual hace peligrar cientos de miles de puestos de trabajo.

La transición de la era industrial a la tecnológica ya ha empezado, y esto dejará por el camino una lista enorme de desempleados. Esto ya pasó anteriormente en la fase de industrialización, y como sabrás la historia siempre se repite, así que por tu bien prepárate para la era del conocimiento.

Lo curioso de todo esto es que el cambio generacional se ha adaptado al nuevo sistema. La percepción histórica de la promoción dentro de la misma empresa y pasar toda una vida en ella es cosa del pasado. No en vano los jóvenes interpretan el permanecer en un mismo empleo como algo tedioso. Por tanto la transitoriedad en el trabajo es actualmente la regla del juego por ambas partes.

La seguridad hoy en día se basa en los conocimientos adquiridos, la adaptabilidad y la capacidad tecnológica para atender las necesidades empresariales. Las empresas se van a centrar en resultados, optando por subcontrataciones, tanto de empresas como de especialistas (*freelances*) dejando atrás el modelo obsoleto del pago por jornadas.

Autónomo

Lo único que le diferencia del empleado es que es su propio jefe. Hay personas que disfrutan de este tipo de trabajo, pero todos ellos tienen por lo general algo en común: dedican infinidad de horas.

El autónomo tiene su propia limitación, y esta es el tiempo. Llega un momento que no puede generar más ingresos porque no puede dedicar más tiempo. No es por tanto un negocio escalable normalmente.

Factores que limitan económicamente al profesional independiente

- Inflación: Los honorarios no crecen al mismo ritmo que la inflación
- Curva de crecimiento lenta
- La diversificación es limitada
- Dependencia de la clientela
- No escalabilidad
- Dependencia casi exclusiva del profesional: no puede delegar por norma general
- Un aumento de las tarifas disminuye la clientela
- La inactividad se traduce en reducción de ingresos (vacaciones, enfermedades...)

Dueño de negocio

El dueño de negocio ha diseñado un sistema que genera unos ingresos y se ha rodeado de un equipo que le apoya. Suele trabajar duro en su propia empresa y es capaz de escalar el negocio si desea expandirse.

Es una de las vías a la libertad financiera, pero no es sencillo, y requiere mucho esfuerzo.

Inversor

Hace que el dinero trabaje para él. Diversifica sus inversiones, que inicialmente vinieron de sus ahorros (u otras fuentes).

El objetivo es que mediante los ahorros puedas pasar de la columna de la izquierda a la de la derecha.

> **Ser inversor es la vía más rápida**
>
> **para la libertad financiera**

Activos y pasivos

En esta importante lección se nos dice que un activo es aquello que mete dinero en nuestro bolsillo y un pasivo es algo que nos quita dinero de este. Así de sencillo.

Para optimizar todo lo mencionado respecto a mejorar el ataque y la defensa hay que tener muy claro el siguiente gráfico.

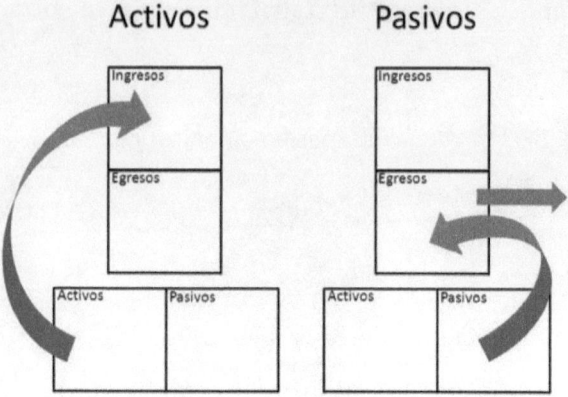

Ejemplos:

Inmuebles

Si es de propiedad y vivimos en él es un pasivo. Tiene unos costes de mantenimiento, IBI... En definitiva, nos está quitando dinero.

En cambio si ese inmueble lo tuviéramos alquilado sería un activo, pues nos produce unos ingresos recurrentes.

Vehículo

Si es de propiedad se trata de un pasivo. En cambio si fuera un taxi sería un activo. Puedes optimizar tu vehículo compartiéndolo o alquilándolo a través de plataformas como *Bla Bla car* o *Getaround*.

El distinguir correctamente entre activo y pasivo nos ayuda por un lado a optimizar los ingresos y por el otro a analizar los bienes antes de su compra. A partir de ahora llamaremos a cada cosa por su nombre, así que la vivienda no será un activo hasta que la vendamos (y obtengamos beneficio por ello) o la alquilemos.

> **Distinguir entre activo y pasivo es básico para alcanzar la libertad financiera**

Frugalismo, aumenta tu defensa

Tenemos que usar el interés compuesto siempre a nuestro favor (acumular activos), nunca en nuestra contra (acumular pasivos).

Si recuerdas la regla del 4%, un gasto de 300€ equivale a un desembolso de 1€ al mes durante toda la vida (300€x4% = 12€ al año, esto es 1€ al mes). Recuerda que esto es así por el coste de oportunidad, es decir ese dinero podrías invertirlo en lugar de gastarlo y de esta manera el interés compuesto actuaría en tu favor.

¿Te quieres comprar ese IPhone nuevo que vale 900€?, pues que sepas que pagarás 3€ al mes el resto de tu vida por esta acción, quedas avisado.

En definitiva, cada gasto y cada ingreso tiene un impacto a largo plazo debido al efecto del interés compuesto. Recuerda que aunque no nos cobren intereses por el desembolso de un gasto estamos asumiendo un coste de oportunidad, esto es cuanto podríamos ingresar por ese importe en caso de invertirlo.

Revisa tus gastos recurrentes

Revisa a fondo todos tus gastos diarios, mensuales y anuales. Desde los más grandes como los seguros, combustible, préstamos hasta lo más pequeños.

Empieza analizando los gastos mayores y mira si se pueden reducir o eliminar. En estos gastos mayores es más fácil conseguir grandes ahorros y requieren normalmente una única gestión, por ello debemos empezar por estos.

Respecto a los gastos menores, son aquellos que parecen insignificantes por ser pequeño su importe, pero que al acumularse día tras día representan una suma considerable al final del año.

Ejemplos de gastos mayores

Revisa si tu seguro de hogar o del vehículo tiene sobrecobertura, pasa a ver a tu agente de seguros (bróker) o a la compañía aseguradora (si lo tienes directamente contratado con ella) y mira si lo puede ajustar. Te sorprenderá pero podrías reducir a la mitad la cuota. Ahorro potencial: 50-200€/año

Mira si tienes gasolineras cercanas más baratas y cambia tu forma de conducir agresiva por otra que optimice el consumo. Ahorro potencial 900€/año.

¿Necesitas realmente el vehículo? ¿Tienes alternativas de transporte público u otros? Ahorro potencial > 2000€/año

Sois 3 conductores en casa con sus respectivos vehículos pero uno de ellos no se usa durante la semana. ¿Tan difícil es coordinarse el fin de semana? > 2.000€/año

Acabas de tener un hijo y te hace mucha ilusión comprarlo todo nuevo, pero resulta que tu primo, tu tía y tu abuela tienen para dejarte una cuna, un cochecito, ropa y cantidad de juguetes. Ya le comprarás algo nuevo, no te preocupes, aprovecha lo que te dan y genera cultura de reutilización en la familia. 1.000-2.500€

¿Usas realmente ese seguro médico privado? ¿No te saldría más barato pagar directamente las 2 visitas que haces al año?

Ese regalo absurdo de Navidad que tu padre no va a usar son unos 300€/año. Cómprale mejor un detallito más sencillo que le guste y le invitas a comer otro día.

Ese regalo a la pareja, otro bolso más de 500€ para la colección. Mejor invítala a pasar un fin de semana fuera con ese presupuesto.

Esa bici de 2.000€ que no sabes si le vas a sacar rendimiento y encima estás regordete. Mejor compra una de 2ª mano por 170€.

> **Los pequeños gastos son como sanguijuelas que van drenando tus recursos poco a poco**

Ejemplos de gastos menores

Ese paquete de tabaco al día te cuesta la friolera de 1.500€/año.

Ese café con leche y croissant de por las mañanas te cuestan alrededor de 900€/año.

Esos tres días a la semana que comes fuera a medio día en lugar de llevarte la fiambrera te cuestan unos 1.500€/año.

¿Podrías optimizar la tarifa del móvil o de internet? En torno a 100-200€/año.

El frugalismo y la disciplina de ahorro son compañeros habituales de los que alcanzan la libertad financiera

---

Tasa de ahorro

El ahorro es algo fundamental, está claro que a mayores ingresos más fácil será poder ahorrar; siempre y cuando no se caiga en la tentación consumista, claro está.

Para que te hagas una idea, las personas que están cerca de la independencia financiera tienen tasas de ahorro en torno al 70%. Sé que parece una locura, pero no decaigas, ve poco a poco y ahorra lo que puedas. Un 5% es mejor que nada, poco a poco el efecto bola de nieve del interés compuesto te irá ayudando, mejorarás tu situación y optimizarás la técnica del frugalismo. Verás cómo pronto esa tasa de ahorro pasa al 10% y así va aumentando paulatinamente.

Obtén ingresos extra

Vende aquello que ya no uses

Vende aquellos objetos que ya no usas por eBay o Wallapop. Esos videojuegos, la barbacoa, los esquís... Te recomiendo que leas un Bestseller llamado *La magia del orden*, ayuda a concienciarse de que hay que desprenderse de aquello que no usamos.

Fondo de emergencia

Tener unos ahorros disponibles para cualquier imprevisto es algo fundamental. Este es uno de los principales errores de la población en general, no tener preparado este fondo de emergencia.

Cuando tenemos una avería en el coche, o cualquier gasto extra, el no tener el fondo de emergencia nos obliga posiblemente a pedir un préstamo o pagar a crédito. En ese momento ya está actuando el interés compuesto en nuestra contra.

Guarda tu fondo de emergencia y consigue que el interés compuesto trabaje a tu favor. Los expertos recomiendan tener al menos el equivalente a 6 meses de gastos ahorrado, pero personalmente recomiendo tener al menos el importe de 6 nóminas (o semejante en el caso de autónomos), esto sería, si cobramos 1.500€ tener ahorrados

9.000€ como mínimo. La distribución de este importe es otro tema, una parte debemos tenerla obligatoriamente en cash (efectivo), esto es en cuenta corriente o en metálico, para aquellos gastos inmediatos, imprevistos o domiciliaciones.

> **Un fondo de emergencia es una herramienta básica que cualquier persona debiera disponer para hacer frente a casos inesperados**

Hay que optimizar esta cifra disponible, pues el efectivo no nos genera ingresos. La mayor parte del resto se puede invertir en activos líquidos, es decir cualquier inversión que permita su recuperación en un corto tiempo (inferior a una semana en mí criterio), el típico ejemplo sería una cuenta remunerada a la vista, acciones...

Una vez superemos el umbral de las 6 mensualidades el resto de inversión puede ser más "ilíquida", es decir fondos de inversión, bienes raíces, negocios. Pero recuerda, a igualdad de rentabilidad cuanto más líquido mejor.

Una opción intermedia que uso bastante es tener posiciones de entorno 1 año y hacer nuevas operaciones cada 3 meses, de esta manera sé que puedo recuperar una operación por trimestre sin tener que cancelar contrato (si es que este lo permite). Esto lo hacía anteriormente con depósitos bancarios (cuando el Euribor estaba por las nubes), y lo sigo haciendo actualmente con el *crowdfunding*.

Calculadora financiera

Para poder saber si seremos capaces de alcanzar la libertad financiera debemos tener una cifra objetivo, esta será nuestra meta. Es primordial establecer un objetivo específico, para saber cuál es nuestra meta.

Aquí de nuevo es importante la Regla del 4% para fijar el objetivo. Si por ejemplo decidimos que con 1.500€/mes netos tenemos suficiente para vivir, nuestra cifra a ahorrar para alcanzar la libertad financiera serían unos 570.000€ (1.500/79% asumiendo 21% de impuestos x 12 meses entre 4%).

Una duda recurrente que se plantean aquellos que tienen hijos o quieren tenerlos es cuanto debo ahorrar para ellos. Este es un tema muy personal pero hay una sugerencia más o menos extendida que lo cifra en 5.000€/niño-año. Hasta qué edad es algo que debemos definir nosotros, pero pongamos que hasta los 25 por ejemplo.

Plantilla en Excel

En *el Anexo IV* puedes ver el enlace para descargar gratuitamente una plantilla muy bien elaborada para calcular la independencia financiera.

Algo muy interesante es que permite incorporar aquellos ingresos extra que prevemos una vez nos retiremos (por ejemplo, mediante trabajos parciales) o los gastos extra, esto sería por ejemplo hacer una previsión para los gastos de universidad de los hijos (algo que ya estaría contemplado en la cifra de los 5.000€ mencionada). La ventaja de este detalle es que permite ajustarlo temporalmente lo cual nos da al detalle el flujo de tesorería año tras año.

La plantilla permite también calcular la mencionada tasa de ahorro (*saving rate*).

Equilibrio personal

Soy un defensor del frugalismo y del trabajo duro, pero no perdamos el norte, las personas necesitamos un equilibrio. Es por ello por lo que no podemos olvidarnos de nosotros mismos, debemos cuidarnos y darnos algún capricho.

El autor Raimón Samsó recomienda que al cobrar cada mes nos paguemos a nosotros mismos antes de hacer cualquier otro desembolso (hipotecas, gastos varios...). Y cifra este objetivo en un 10% de los ingresos. Eso sí, adáptalo a tu situación, quizás de momento solo te puedas permitir un 5% o un 3%, no te preocupes, ya llegarán tiempos mejores.

En este concepto de pagarnos a nosotros mismos hay una lista amplia pero va desde darse algún capricho (escapada, cena...) hasta la formación de uno mismo. Pues sí, coincido plenamente, el enfocarse plenamente en los ingresos y no cuidarse puede generar estrés, tensión muscular, dolores estomacales o trastornos psicológicos entre otras dolencias, así que, ¡a cuidarse!

2. VALORACIÓN, RENTABILIDAD Y CONTRATOS

Criterios de valoración del precio de la vivienda

Comparación por renta per cápita

Con este criterio se compara la capacidad de compra media de cada ciudadano en función de sus ingresos anuales y el precio de la vivienda.

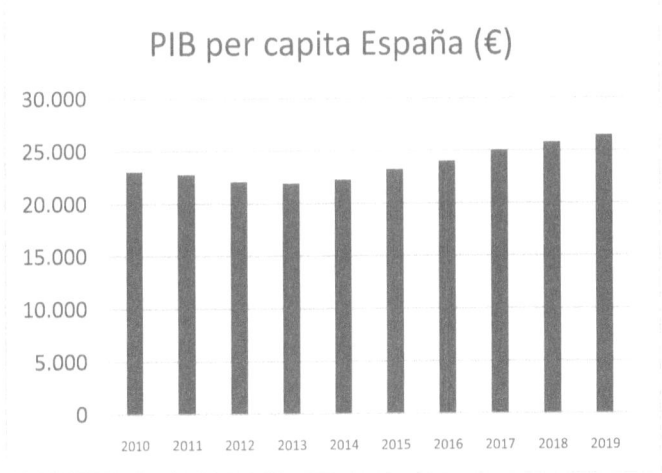

Fuente: Instituto Nacional de Estadística

Al dividir los promedios del precio de la vivienda entre el PIB per cápita obtenemos un ratio. Una de las maneras más fiables de saber el precio de la vivienda es a través de los importes de las hipotecas registradas, pues es un dato oficial y veraz. Si consideramos una financiación promedio del 80% obtendremos la estimación del precio promedio de venta a partir del dato anterior. Veamos la gráfica:

Fuente: Instituto Nacional de Estadística y Colegio de Registradores de la Propiedad, Bienes Muebles y Mercantiles de España

*El precio medio de la vivienda se ha extrapolado asumiendo una financiación del 80%

Con esta gráfica vemos que parecía bastante obvio predecir la burbuja inmobiliaria de 2005-2008. De hecho algo curioso es que los umbrales de este ratio varían entre países; por ejemplo en Estados Unidos un ratio por encima de 5 ya se podría considerar como mercado sobrevalorado. En España podemos considerar que por debajo de 4 la vivienda está barata, hasta 5,5 sería un valor justo y por encima consideraríamos el mercado sobrevalorado.

Destacar que esta referencia es sobre el promedio de las operaciones, así pues si conseguimos un inmueble más barato mejoraremos nuestro ratio personal que es lo realmente importante. Lo interesante de este método de valoración es que nos permite tantear la situación macro del mercado e incluso prevenir posibles burbujas inmobiliarias, por lo que nos avisará del momento ideal para vender (antes de llegar al pico de precios alcista).

Rentabilidad por alquiler

Es la comparación entre el precio de compra y el importe anual del alquiler, lo que nos daría una rentabilidad anual o *cap rate*. Se puede calcular esta ratio de dos maneras intercambiando divisor por dividendo, ahora lo veremos.

PER

Se trata de un acrónimo *(Price-to-Earnings Ratio)* usado en mercados bursátiles para determinar el rendimiento de una acción a través del dividendo obtenido. Sería pues el resultado de dividir el precio de cotización bursátil entre el dividendo. El resultado nos dice el número de años que tardaríamos en recuperar la inversión inicial en base al cobro de dividendos.

Esta misma teoría aplicada al mercado inmobiliario de alquiler sería el resultado de dividir el importe de compra entre el alquiler anual. Esta analogía se conoce como PER de la vivienda. Si por ejemplo el precio de la vivienda son 120.000€ y obtenemos un alquiler de 9.000€ al año tenemos un PER = 120.000 / 9.000 = 13,33 años.

Esto de manera resumida significaría que al cabo de 13 años y 4 meses habríamos recuperado el importe de la compra inicial (*payback*) en base a los alquileres (sin tener en cuenta impuestos, gastos de financiación ni otros gastos de mantenimiento y demás).

Rentabilidad anual del alquiler

Por el contrario, la división entre el importe del alquiler y el precio de la vivienda nos da el rendimiento anual, que es algo a lo que estamos más acostumbrados.

En el ejemplo anterior sería 9.000/120.000, esto es un 7.5% anual bruto.

En estos momentos según el Banco de España la rentabilidad media del alquiler ronda el 4%. Puedes observar datos de rentabilidad por provincia en esta gráfica:

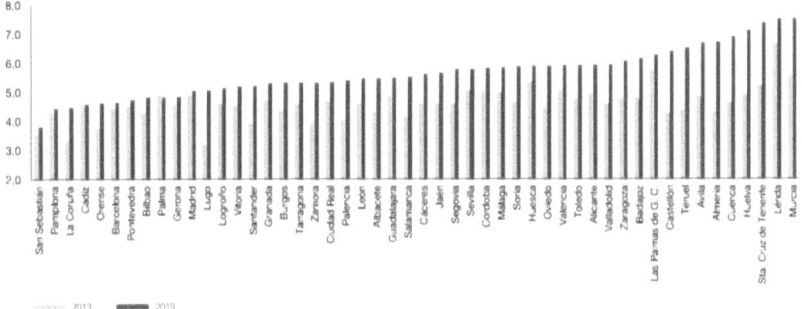

Fuente: Banco de España

Existe cierto debate entre los resultados de rentabilidad, pues los datos del Banco de España son sensiblemente inferiores a los de los portales inmobiliarios. En todo caso, lo que nos importa es saber hacer nosotros el cálculo y a partir de aquí analizar nuestro propio rendimiento.

> **Las rentabilidades promedio del alquiler rondan el 4%.**
>
> **Intenta ser de los que alcanzan el 10% con inversiones bien analizadas**

Tipos de interés

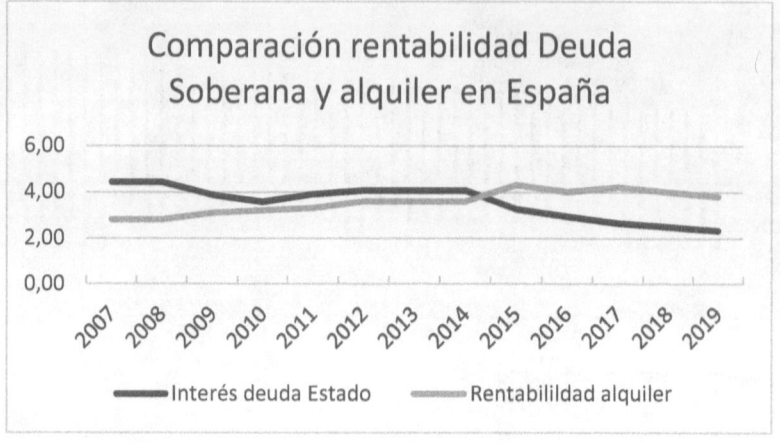

Fuente: Banco de España y Tesoro Público

El interés de la deuda soberana calculado es el promedio anual de la deuda emitida por el Estado español

Vemos que por norma general y fuera de las épocas de crisis (2008-2013) el tipo de interés exigido al alquiler está algo por encima del tipo de interés de la deuda soberana, viendo una fuerte correlación entre ambas rentabilidades.

> **Aprovecha las épocas de crisis para ampliar tu parque inmobiliario al mejor precio**

Otra conclusión importante que vemos en esta gráfica es que en burbuja inmobiliaria los tipos de interés están mucho más altos. Por lo que a priori el binomio ideal es financiarse y comprar con tipos bajos en épocas de recesión y sacar de inmediato el inmueble a rentar, ya que con el tiempo debe mejorar la rentabilidad. A colación de lo anterior, destacar también que el mercado del alquiler sufre caídas inferiores que el de compra, esto refuerza la estrategia mencionada. Según Fotocasa en 2008-2013 el precio de la vivienda descendió un 42%, en cambio los alquileres un 22%.

> **Los alquileres sufren en menor medida las envestidas de las crisis**

Medición de la rentabilidad

Rentabilidad sin tener en cuenta financiación

De una manera resumida podemos dividir la rentabilidad de una vivienda en dos grandes bloques, estos son la rentabilidad por alquiler y la revalorización del inmueble.

Rentabilidad por alquiler

Pongamos un ejemplo de una vivienda con precio de mercado de 120.000€ y una renta mensual por alquiler de 600€, esto supondría un rendimiento bruto del 6% (600x12/120.000 x100). Yo uso como criterio considerar 10,5 meses al año de alquiler como promedio, con esto tenemos en cuenta los periodos vacíos y los gastos de mantenimiento. Según esto la rentabilidad bajaría en este ejemplo al 5,25%. Aún nos faltaría deducir otros gastos, como podrían ser 250€ al año en el seguro de impagos, unos 400€ de comunidad de vecinos, 200€ de seguro de la vivienda y el IBI, que digamos fueran 350€, lo que en total nos restaría 1.200€ de beneficio y nos dejaría un rendimiento *final* del 4,25%. A esto habría que deducirle impuestos, pero por experiencia te digo que no varía mucho si lo destinas a vivienda habitual (por la fiscalidad laxa en inmobiliario), pero supongamos que nos queda un 4,1%.

Rentabilidad por revalorización del inmueble

Por otro lado la revalorización promedio, según la serie histórica se sitúa en torno al 3% anual. Si consideramos una fiscalidad promedio por incremento de patrimonio del 20% este rendimiento en neto quedaría aproximadamente en el 2,4%.

La suma de ambos rendimientos nos daría un rendimiento total neto del 6,5% (4,1+2,4).

Ahora veamos qué pasa cuando usamos financiación, y presta mucha atención porqué **es la idea central de este libro**, es decir, es lo que convierte la inversión en bienes raíces en algo tan atractivo y rentable.

Ten en cuenta que se podría estimar una vida útil del inmueble de unos 100 años, por ello si el inmueble tiene una edad avanzada en lugar de revalorizarse se estaría devaluando. No te olvides de este matiz que es muy relevante.

Rentabilidad con financiación (apalancamiento)

Antes de entrar a calcular un ejemplo a partir del anterior vamos a explicar dos conceptos financieros básicos para entender este apartado, son el apalancamiento y el ROCE (para medir el rendimiento). Además son conceptos que luego encontrarás también en el mundo empresarial y de inversión, pues las compañías usan exactamente esta estrategia para maximizar sus beneficios.

Apalancamiento

Se entiende por apalancamiento la relación entre la financiación externa y el capital propio. Con este método conseguiremos maximizar el resultado económico gracias al impulso financiero de un tercero ajeno al proyecto. Esto mismo hacen las empresas cuando emiten acciones (o amplían capital) o bien cuando trabajan con deuda externa (en base a bonos, préstamos o cualquier otro producto de financiación).

En nuestro caso trataremos de simular esta misma estrategia y además jugamos con una gran ventaja, ya que los tipos de los préstamos hipotecarios son muy bajos en comparación con cualquier otro tipo de préstamo. Esto es así porque el Estado entiende la vivienda como un bien esencial, y por tanto favorece su financiación para facilitar su adquisición.

Las entidades bancarias por norma general financiaran hasta el 80% del importe de compra para vivienda habitual, por lo que a priori nos podremos apalancar en este 80% (a veces incluso más). En segundas viviendas la financiación máxima ofrecida suele ser del 70%, aunque se puede mejorar dependiendo de la entidad bancaria.

ROCE

El ROCE, de sus siglas en inglés *Return on Capital Employed* es el rendimiento sobre el capital propio, o retorno sobre la inversión. Es decir, para saber la rentabilidad de una inversión, no basta con calcular el resultado del proyecto, sino que debemos calcular el rendimiento en base a la inversión propia.

La fórmula del ROCE es la siguiente:

$$ROCE = \frac{Beneficio}{Inversión\ propia} = \frac{Ingresos - gastos}{Inversión\ propia}$$

Comentaba que podemos conseguir financiación, y que por tanto deberíamos aportar el 20% de capital propio. Volvamos al ejemplo anterior.

El banco nos financia el 80% del precio de compra, esto sería 80% de 120.000€, lo que supone 96.000€, por lo que los 24.000€ restantes tienen que salir de nuestro bolsillo. A esto hay que sumarle el IVA (10%) para el caso de vivienda nueva o el Impuesto de transmisiones (para viviendas de segunda mano), que en las Comunidades Autónomas más caras es del 10%, y los gastos de gestoría y demás, por lo que podemos redondear estos gastos en un 11%, lo que supondrían unos 13.200€.

Con estos datos nos quedaría que los recursos propios aportados son un total de 37.200€ (24.000+13.200).

Antes de seguir debemos tener en cuenta el coste de la financiación, que para el ejemplo y de manera muy simplificada vamos a suponer un 2% anual, esto serían 2% sobre 96.000€, lo que nos da 1.920€ anuales. Calculemos el ROCE.

$$ROCE = \frac{Beneficio}{Inversión\ propia} = \frac{600 \times 10,5 - 1.200 - 1.920}{37.200} = 8,5\%$$

Podemos ver que el modesto 4,1% anteriormente calculado se ha transformado en un señor 8,5%, ahora sí que hablamos de una rentabilidad potente, y estamos multiplicando por 2 el rendimiento del alquiler solo por este factor del apalancamiento. Aquí de manera simplificada no le aplico fiscalidad, ya que los intereses de la financiación se deducen como coste compensando la primera, por lo que el % calculado lo podemos dar por válido (como primera aproximación).

Al sumarle ahora el 2.4% neto de la revalorización de la vivienda nos da un rendimiento total del 10,9% para nuestro ejemplo.

Veamos cuales serían las rentabilidades en caso de conseguir una financiación del 90% y del 100%, como sería un caso típico de adquisición de inmueble de la cartera de un banco.

Financiación	80%	90%	100%
ROCE alquiler	8,5%	11,7%	20,5%
ROCE total	10,9%	14,1%	22,9%

Por tanto, con un tipo de interés de financiación bajo queda demostrado que el apalancamiento es altamente efectivo.

Las rentabilidades habituales sin tener en cuenta la financiación rondan entre el 6 y el 11%, por tanto te recomiendo que fijes esta horquilla mínima como objetivo a la hora de analizar inmuebles. Para ello compara el precio de compra de la zona con los precios por alquiler.

> **El apalancamiento suele mejorar nuestra rentabilidad**
>
> **Es lo que se conoce como deuda buena**

TIR

La Tasa Interna de Retorno nos servirá para calcular la rentabilidad anual de cada proyecto. Es normalmente usada en proyectos empresariales, y cobra interés en nuestro caso para analizar proyectos de compra, reforma y venta (o compra y venta) principalmente.

Calcular el retorno equivalente anual es muy importante en proyectos donde se aporta una fuerte inyección de capital inicial, como en el caso de comprar y reformar un inmueble. En un ejercicio a varios años, como el flujo de caja inicial será negativo necesitamos saber el rendimiento equivalente por la duración total de proyecto.

En economía se define la TIR como la tasa de descuento que hace el VAN (Valor Actual Neto) igual a cero. Lo que viene a significar de forma resumida que la rentabilidad del proyecto equivale al coste de oportunidad.

Para saber si una inversión es rentable debemos establecer primero un % equivalente en coste de oportunidad. Si la TIR es superior a este coste de oportunidad entonces el proyecto es rentable.

A modo de aclaración el VAN es la acumulación de flujos de caja (en valor actualizado) de un proyecto a lo largo del tiempo. No te preocupes demasiado por estos conceptos económicos, si quieres puedes ver material adicional al respecto a través del enlace del Anexo IV, pero en definitiva me interesa que retengas dos ideas de este capítulo:

- El ROCE es la manera de medir el rendimiento sobre nuestro capital en el acumulado del tiempo del proyecto
- La TIR es la forma como calculamos la rentabilidad del proyecto en un % que podemos resumir como el beneficio promedio por año

Cuando conviene amortizar hipoteca

La mayor parte de las hipotecas se calculan mediante una fórmula financiera denominada "el método francés".

$$\text{Cuota} = \frac{C*(1+i)^n*i}{(1+i)^n-1}$$

C = Capital pendiente de amortizar

i = Interés nominal en tanto por uno

n = N.º de liquidaciones pendientes

Con esta fórmula el grueso de los intereses se paga al inicio de la vida del préstamo hipotecario, y en cambio durante estos primeros años se liquida muy poco capital (principal).

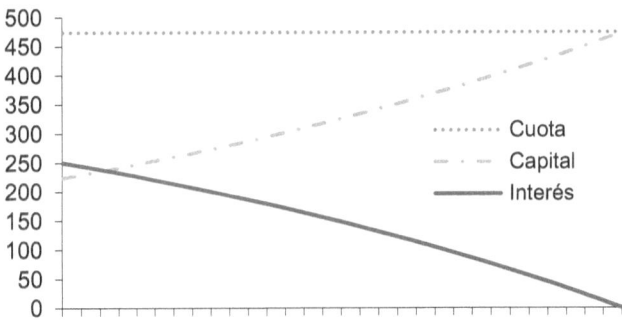

Es por ello que las ofertas hipotecarias incluyen penalizaciones por amortización total o parcial, especialmente en los primeros años de hipoteca.

Una vez sabemos esto podemos intuir cuando sale rentable o no una amortización anticipada, dependiendo claro de las condiciones contractuales, es decir de las penalizaciones que nos impone el banco. Estas se han reducido enormemente por imposición legislativa, lo cual es una buena noticia para los hipotecados.

> **Los primeros años son los más recomendables para amortización anticipada de hipoteca**

Como comentaba, los primeros años son los más interesantes para amortizar anticipadamente, pues estamos dando un salto hacia adelante en la gráfica, con lo que nos estamos ahorrando toda el área que aglutina la parte del interés. En una amortización anticipada estamos liquidando directamente todo el capital, sin pagar el interés, más allá de la prorrata de los días transcurridos del mes en curso. Enseguida lo veremos a través de un ejemplo práctico para entenderlo mejor.

Los puntos clave para decidir sobre si amortizar a no anticipadamente son de forma resumida:

- Cash flow: control de nuestra tesorería
- Penalizaciones del banco por contrato
- Coste de oportunidad
- Fiscalidad

Analicemos en detalle cada uno.

Control del Cash flow

Cash flow o tesorería significa cuanto activo líquido (liquidez) disponemos; puede ser efectivo, una cuenta corriente, una cuenta a la vista, acciones de mercados primarios cotizados o cualquier otro activo que podemos liquidar de manera casi inmediata (o en un plazo muy corto de tiempo, pongamos una semana por ejemplo).

La tesorería mínima disponible debe ser suficiente para cubrir nuestros costes ordinarios pero también para prever algún imprevisto, es lo que se conoce como *Fondo de Emergencia*. Hay ciertos gurús economistas que cifran este límite mínimo en 6 salarios, cada uno debe hacer sus números al respecto.

Además de este *Fondo de Emergencia* debemos tener en cuenta la proyección a medio plazo de nuestras futuras inversiones y oportunidades. Es decir, si se prevé una bajada del mercado inmobiliario, o de los fondos cotizados y queremos entrar en alguna de estas inversiones aprovechando el momento bajista debemos tener la liquidez disponible para ello.

Por tanto un *cashflow* correcto sería la suma de:

CF = Costes Ordinarios + Fondo Emergencia + Proyección inversiones a medio plazo

Penalizaciones por amortización anticipada

Como he mencionado anteriormente, básicamente se trata de saber con exactitud qué penalización nos aplica el banco y comparar si compensa pagar esta penalización.

Si por ejemplo tenemos una penalización del 2% y en cambio estamos pagando un tipo de interés efectivo del 1,5% está claro que esta amortización anticipada nos penaliza. De ocurrir este caso suele ser normalmente en los primeros años de la vida de la hipoteca.

Seguidamente detallaremos las principales diferencias entre hipoteca variable y fija, pero te anticipo que una de las desventajas de la hipoteca fija es que esta tiene por norma general comisión de cancelación, independientemente de los años transcurridos, y además es sensiblemente superior al caso de hipoteca variable.

Coste de oportunidad

Este aspecto es clave para cualquier inversor. Se trata de definir el rendimiento promedio que podemos obtener con nuestro capital si lo invertimos en otra alternativa.

Como coste de oportunidad se podrían escoger varias referencias, como el tipo de la deuda soberana, el promedio de revalorización de un fondo de inversión, etc. Pero dedicándonos al negocio inmobiliario lo lógico sería coger como base nuestro rendimiento neto en este sector a lo largo de los años. Para el que no tenga referencia previa un porcentaje aceptable estaría entre el 4 y 10%, esto dependerá de tu experiencia y suerte en el sector. Pongamos como ejemplo que nuestro rendimiento anual neto es del 7% de promedio. Entonces cualquier amortización anticipada que esté por encima de ese porcentaje estaría correctamente justificada. Cuidado de nuevo con la fórmula del método francés, pues aunque nuestro interés nominal supongamos que sea de un 2% no significa que este sea mejor que el coste de oportunidad del 7%, pues al pagar por anticipado los intereses estos serán mucho mayores. Coge el último recibo del préstamo hipotecario (o el cuadro de amortización) y divide los intereses entre la cuota para obtener el % que estamos pagando de intereses. Si por ejemplo pagamos 240 euros de intereses de una cuota de 500, significa un 48% de intereses.

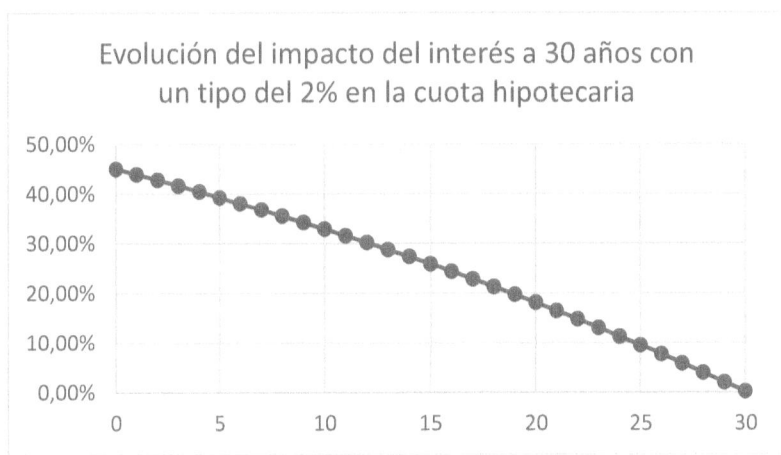

Con el ejemplo de la gráfica anterior observamos que hasta que no llegamos al final de la vida de la hipoteca seguimos pagando un grueso importante de intereses en nuestra cuota, por tanto, desde un punto de vista financiero nos interesa amortizar anticipadamente hasta los años finales.

Fiscalidad

Se pueden dar situaciones donde nos interese una amortización anticipada por temas fiscales. Veremos en mayor detalle este aspecto, pero como resumen quédate con el concepto de que puedes deducir los intereses de la hipoteca en el caso de que alquiles el inmueble.

Hipoteca a tipo variable o a tipo fijo

Lo primero que debes saber es que cuando tienes una hipoteca a tipo fijo a buen precio es que se prevé el Euribor (o el índice de referencia) bastante bajo para los próximos años. Es decir, si una oferta es buena es porque la alternativa no puede ser más competitiva.

Debes saber que la legislación actual es bastante más favorable para la hipoteca de tipo variable, aunque ahora veremos cuando conviene cada caso.

Comisiones de cancelación en hipoteca variable

- Hasta un 0,15% durante los primeros 5 años, o bien
- Hasta un 0,25% durante los 3 primeros años

Comisiones de cancelación en hipoteca a tipo fijo

- Hasta un 2% durante los 10 primeros años
- Hasta un 1,5% el resto del plazo

Estas condiciones son las fijadas por ley, pudiendo ser mejoradas por parte de la entidad bancaria.

Con estas cifras y con un Euribor bajo a priori parece obvia que la única posible elección sería la hipoteca a tipo variable, pero ahora verás cómo cada opción tiene su porqué.

Lo primero que debemos recordar es que en épocas de prosperidad los tipos suben notablemente, recordemos los tipos que teníamos en los años 2005-2007, por ello lo primero que debes calcular en el caso de hipoteca variable es qué cuota te resultaría en el caso de una subida alta del tipo de referencia. Si el Euribor subiera al 5% ¿podrías pagar la cuota? En cambio con el tipo fijo la cuota siempre será la misma (a excepción del periodo inicial normalmente).

Actualmente el mercado está ofreciendo hipotecas a tipo fijo entre el 2,5 y el 3,5%. Por ello, si vas a financiar tu vivienda de residencia y/o te vas a meter a financiar una operación a muy largo plazo la opción más equilibrada sería el tipo fijo (en la horquilla mencionada).

En cambio, si tienes una capacidad de ahorro o generación de caja muy alta y crees que llegado el caso podrías liquidar la hipoteca en menos de 15 años mediante amortizaciones anticipadas, la hipoteca variable probablemente será tu mejor opción.

En resumidas cuentas, con las ofertas actuales para operaciones a largo plazo donde no se prevean amortizaciones anticipadas mi recomendación es a tipo fijo.

Invertir como privado o como empresa

Otra de las cosas que me encantan de este sector son las ventajas fiscales de abordarlo simplemente como inversor privado. Seguidamente desarrollaremos esto en más profundidad, pero gracias a las deducciones la solución como simple ciudadano se acerca mucho en cuanto a rendimiento si lo comparamos con una empresa (entendida como SL por ejemplo).

Además lo interesante es que estas deducciones aplican para todo ciudadano residente en la UE, por lo que ser o no residente español ni siquiera es una desventaja en este caso (mientras residas en la Unión Europea, Noruega o Islandia, claro).

Invertir como privado

La situación ideal para empezar sería como un simple ciudadano, que adquiere un inmueble, lo registra a su nombre, lo reforma o no y lo vende o lo alquila (o ambos). Para ir ampliando nuestro capital inicial la mejor opción para generar caja es comprar, reformar y vender (*house flipping*), de esta forma recuperamos nuestra inversión más el beneficio, lo que nos permite ir a por otra operación de más volumen, o quizás emprender en dos proyectos a la vez en la siguiente ocasión.

Cuando estemos algo rodados es el momento de analizar si conviene o no montar una SL. Pero como se ha mencionado las diferencias en rentabilidad no son tantas. La ventaja de actuar como un simple ciudadano es que nos ahorramos el lío de montar una empresa, de llevarlo todo a un gestor, de reportar la contabilidad y de estar sujetos a diferentes inspecciones. Como *persona física* (fiscalmente hablando) nuestras obligaciones se resumen en guardar las escrituras, las facturas, los recibos y poco más. Podremos deducirnos (en el caso de España, UE, Noruega o Islandia) los siguientes gastos en la venta:

- Gastos de la reforma (precisamos las facturas pertinentes)
- Gastos de compra (gestoría, notario...)
- Gastos de venta

Como ves son los mismos gastos que se deduciría una empresa (aunque esta última puede deducir también otros costes).

Para el caso del alquiler si rentamos el inmueble como vivienda habitual nos deduciremos un 60% del beneficio (para el caso de España o asimilado), cosa que una empresa no puede hacer, y además nos deduciremos los siguientes gastos:

- Gastos de conservación y reparación
- Intereses y otros gastos de financiación (intereses hipoteca)
- Tasas y tributos (IBI...)
- Recibos de la Comunidad de vecinos
- Servicios de terceros relacionados con el alquiler (API ...)
- Seguros (vivienda, de impago de alquiler...)
- Amortización de bienes muebles
- Amortización del 3% del valor de construcción

En el capítulo sobre fiscalidad podrás ver más detalles sobre los gastos deducibles.

> **Invertir como particular en alquiler de vivienda habitual tiene muy buenas ventajas fiscales**

Os dejo un ejemplo de un caso real en el cual se adquiere en propiedad un inmueble en el centro histórico de importe muy modesto, se reforma y se vende al cabo de los 12 meses.

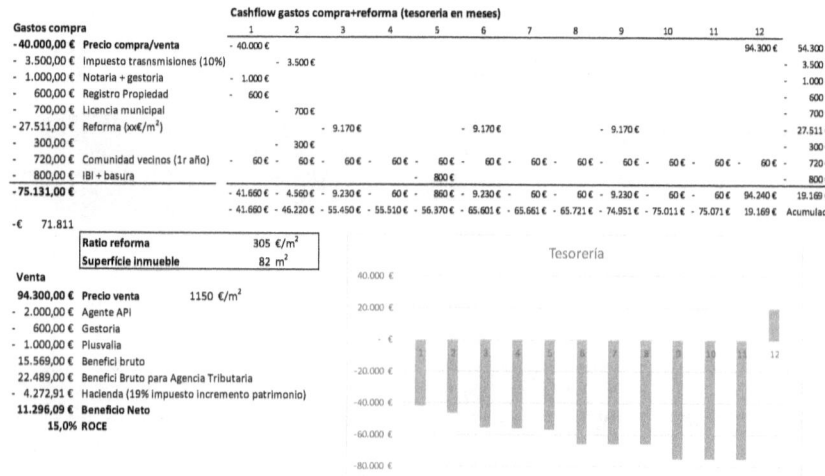

Invertir como empresa

En el caso de que queramos invertir como empresa normalmente lo haremos como SL, por los menores costes que una SA (sin ser esto recomendación alguna).

El hecho de invertir como empresa genera una serie de costes e inconvenientes que no los tenemos como inversor privado:

- No podemos deducirnos el 60% del beneficio para alquiler de vivienda habitual
- Gastos de autónomos
- Gastos iniciales de puesta en servicio
- Mayores gastos de gestoría y de administración
- Contabilidad
- Estamos sujetos a inspecciones de diversas Administraciones

Por el contrario tiene otra serie de ventajas:

- Al pagar autónomos ya es un coste fijo que nos ahorramos si abrimos otros negocios
- Altas bonificaciones en el impuesto de transmisiones por la compra
- Nos abre el mercado al alquiler turístico, porque ya tenemos la estructura de facturación como empresa
- Nos facilita gestionar otras operaciones que conllevan fiscalidad concreta, como el caso de la liquidación del IVA para alquiler de garajes o trasteros

• Permite más flexibilidad para dejar este patrimonio en herencia

Las bonificaciones del impuesto de trasmisiones dependen de cada Comunidad Autónoma, pero por norma general queda un impuesto bajo. Algunos ejemplos son Andalucía o la Comunidad de Madrid con un 2% o Cataluña con un 3% resultante (bonificación del 70% sobre el 10% de impuesto) en el momento de escribir estas líneas.

Veamos el mismo ejemplo que hemos señalado en el anterior apartado, ahora gestionado como SL:

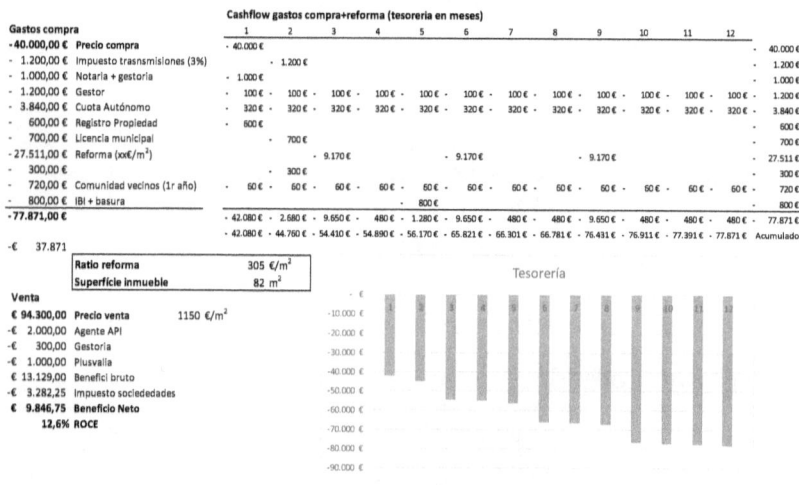

Paradójicamente el beneficio es menor en este caso, eso sí, has de tener en cuenta que se han imputado todos los costes de la SL a esta única operación (autónomos, gestoría...). Si por ejemplo hiciéramos dos operaciones iguales que esta en un año el ROCE ya subiría al 16% (en cada una de ellas).

En este ejemplo se partió de base de un inmueble muy antiguo, por ello el precio de compra es tan bajo y con cierto riesgo en la reforma. Pero más allá de este ejemplo concreto lo que quiero remarcar es que para las primeras operaciones no merece la pena montar estructura empresarial, y que probablemente en el caso de que lo hagas el beneficio resultante sea menor.

Ahora me gustaría enseñar un ejemplo de más envergadura, este sí digno de montar SL. En esta operación compramos un inmueble de una Administración pública en el centro de la ciudad (área de oficinas y comercios). El inmueble consta de 4 pisos y un local, uno de los inmuebles se encuentra actualmente alquilado en renta baja por 400€/mes. Los pisos tienen una superficie promedio de 75m2. Ofrecemos por el edificio 120.000€, hay que tener en cuenta que actualmente solo reporta gastos a la Administración (por eso conseguimos un importe de compra muy interesante), y planteamos un proyecto a 4 años vista, en el que reformamos 3 viviendas, las vendemos paulatinamente junto con el local y finalmente se vende el piso en alquiler sin reforma.

Estos son los resultados:

Cashflow

Gastos compra			Año 1	Año2	Año 3	Año 4
-	120.000,00 €	Precio compra	- 120.000 €	- €		
-	3.600,00 €	Impuesto transmisiones (3%)	- 3.600 €	- €		
-	2.000,00 €	Notaria + gestoria	- 2.000 €	- €		
-	1.200,00 €	Registro Propietat	- 600 €	- €		
-	1.200,00 €	Licencia Ayuntamiento	- 1.200 €	- €		
-	198.000,00 €	Reforma (xx€/m^2)	- 110.000 € -	88.000 €		
-	3.000,00 €	Imprevistos	- 3.000 €	- €		
	400,00 €	Ingresos alquiler	4.800 €	4.800 €	9.600 €	9.600 €
		Ventas	112.500 €	225.000 €	60.000 €	65.000 €
-	3.600,00 €	Gastos venta	- 3.600 € -	7.200 € -	3.600 € -	3.600 €
		Agencia Tributaria	- € -	3.871 € -	26.950 € -	15.078 €
-	3.600,00 €	Comunidad vecinos / gasto equivalen -	3.600 € -	3.600 € -	7.200 € -	7.200 €
-	4.000,00 €	IBI + basura	- 4.000 € -	3.200 € -	1.600 € -	800 €
-	339.800,00 €	tesoreria anual	- 134.300 €	123.929 €	30.250 €	47.922 €
		tesoreria acumulada	- 134.300 € -	10.371 €	19.879 €	67.801 €

Balances anuales

		Año 1	Año 2	Año 3	Año 4
		1a Venta	2a y 3a venta	Venta local	Venta piso alquilado
Precio venta		112.500 €	225.000 €	60.000 €	65.000 €
Agente API	-	2.000 € -	4.000 € -	2.000 € -	2.000 €
Gestoria	-	600 € -	1.200 € -	600 € -	600 €
Plusvalia	-	1.000 € -	2.000 € -	1.000 € -	1.000 €
		- €	- €	- €	- €
Beneficio bruto re		15.233 €	124.133 €	32.400 €	37.400 €
Hacienda	-	3.871 € -	26.950 € -	7.014 € -	8.064 €
Beneficio Neto		**11.362 €**	**97.183 €**	**25.386 €**	**29.336 €**

Resultados totales

163.268 €   Beneficio Neto total
20,5% TIR

A modo de resumen, como los ingresos por alquileres como privado tributan en la base general del ahorro estos se añadirán a la base general del IRPF. Es decir, si trabajas para un ajeno el beneficio de los alquileres se añadirá a tu base de cotización en el tipo marginal, es decir en tu última franja de retención del IRPF por tramos. Por ello, en términos generales no conviene montar empresa para ingresos inferiores a 60.000€ anuales, a partir de ese umbral ya conviene analizar cada caso.

Reforma con cambio de uso

Ante la falta de suelo en algunas grandes ciudades se está extendiendo la práctica de transformar un local u oficina en vivienda. Es lo que se conoce técnicamente como cambio de uso.

Se trata de una opción muy rentable en la que se transforma un local u oficina en vivienda. Esta operación está sujeta a ciertas restricciones y a algunos trámites adicionales como ahora veremos, pero por la rentabilidad adicional que se obtiene merece la pena el esfuerzo extra, ya que en frecuentes casos se consiguen rentabilidades en torno al 100%.

Hay algunas ciudades que por Normativa Municipal prohíben la transformación de locales de planta baja. Así que normalmente es más sencillo realizar esta transformación a partir de la altura de entresuelo. Pero esto es algo que hay que consultar en la concejalía de urbanismo de cada municipio.

Los cambios de uso añaden una rentabilidad extra al proyecto

Así pues, en la ciudad de Barcelona es una práctica habitual este tipo de cambios de uso de comercial a residencial en locales de planta baja.

Los inmuebles tienen registrado su uso en el Registro de la Propiedad. Además, al proceder al cambio de uso nos podemos encontrar con problemas con la Comunidad de Vecinos y se precisa que la zona cumpla las ratios de ocupación definidos por el Ayuntamiento. Así pues, no es tarea baladí.

Antes de iniciar el cambio de uso

Ratio de viviendas

Lo primero a comprobar es, como se ha mencionado, la ratio de ocupación del Ayuntamiento. La Autoridad Local dispone de un censo de viviendas por zonas, y define unos límites a partir de ciertas ratios de ocupación. Así pues, si una zona sobrepasa la ocupación establecida (viviendas/m^2) no podrás tramitar el cambio de uso.

Consulta esto de manera gratuita en tu Ayuntamiento, no des ninguna conclusión preestablecida por válida, ni a favor ni en contra.

Características físicas (CTE)

Al cambiar el uso se aplica la normativa referente a vivienda, en este caso el CTE (Código Técnico de la Edificación), así que otro de los aspectos claves antes de empezar el proceso del cambio de uso es cerciorarse de que el inmueble cumple con ciertos requisitos (altura libre, nº de ventanas y accesos, ventilación, acceso a los aseos...). Tendrás que convertirte en un experto en estos detalles técnicos para descartar rápidamente los inmuebles que no pueden cumplir los requisitos, alternativamente tendrás que enviar un arquitecto o aparejador a que haga esta criba. Esta es la opción más recomendable, pues aunque el inmueble no cumpla alguno de los puntos del CTE quizás con una reforma puedas arreglarlo. Considera todas los opciones y obviamente tenlo en cuenta de cara a la previsión de costes.

Es típico ver que los entresuelos no tienen las ventanas a la altura correspondiente o que los bajos no disponen de ventilación suficiente...

Hay ocasiones en que los locales son muy altos y esto permite diseñar varias viviendas en ella multiplicando la rentabilidad.

Comunidad de vecinos

Conoce de antemano si la Comunidad de Vecinos se muestra receptiva a la idea. Si es así te facilitará mucho la gestión, pero en caso contrario no te des por vencido.

Si la Comunidad de Vecinos no ve con buenos ojos tu propuesta, esto no es un NO definitivo. En realidad no necesitas técnicamente su aprobación, lo que pasa es que te pueden negar el uso de ciertos elementos comunes.

Un ejemplo sería la salida de humos. La Comunidad puede negar tu conexión, con lo que te verías obligado a realizar una instalación paralela solo para ti, que cumpla el CTE, y además precisarás la aprobación de la Comunidad para su instalación.

En resumen, no es determinante su aprobación pero te puede complicar mucha la operación, e incluso bloquearla si lo llevan al límite.

Nota Simple

Pide una Nota Simple del inmueble al Registro de la Propiedad antes de comprarlo para asegurarte que el uso de este está correctamente registrado. Estamos hablando de un certificado que te tramitan en pocos días y cuyo coste es de alrededor de unos 11€ en su versión online. Con el certificado podrás comprobar si el vendedor es el titular registrado y si el inmueble tiene alguna carga o embargo.

Iniciamos el cambio de uso

Proyecto de cambio de uso

Contrata a un aparejador o arquitecto especializado en cambios de uso. Debe redactar y visar un proyecto propiamente.

Licencia de cambio de uso

Solicita la licencia del cambio de uso en el Ayuntamiento junto con el proyecto anteriormente mencionado. Esta gestión la puedes contratar también al mismo aparejador si lo deseas. Cuidado porque hay muchas urbes donde esta licencia se demora entre 12 y 18 meses, así pues tenlo en cuenta a la hora de analizar el proyecto.

Reformas

Una vez aprobado el trámite anterior, solicita el permiso de obras. Aquí empezarás propiamente las obras de reforma. Entrega copia del proyecto a la Comunidad de Vecinos e infórmales que inicias las reformas.

Cédula de habitabilidad

Tras la reforma debes tramitar la Cédula de Habitabilidad y el Certificado energético. De nuevo el aparejador será tu aliado.

Nuevas Escrituras

Ahora debes ir al notario y tramitar una Nueva Escritura (por el nuevo uso). Aquí te puede resultar interesante contratar a una gestoría especializada para realizar este y los siguientes trámites.

Registro de la Propiedad

Debes indicar al Registro de la Propiedad el cambio de uso, para ello entrega la nueva escritura.

Catastro

Por último debes comunicar la variación del uso en el Catastro.

Resumen de los pasos para el cambio de uso:

- Ayuntamiento: ratio de ocupación
- Cumplimiento del CTE
- Comunidad de Vecinos

- Nota Simple
- Proyecto de cambio de uso
- Licencia de cambio de uso
- Reformas
- Cédula de habitabilidad
- Nuevas Escrituras
- Registro de la Propiedad
- Catastro

Esta operación es compleja, así que necesitarás de un buen aparejador especializado y de una gestoría decente.

Rendimientos estimados en el cambio de uso - Ejemplo

Si en el caso de reforma de vivienda partiendo de un precio de compra bajo rondamos rentabilidades entre el 15 y el 40% veremos que aquí se dispara.

Pongamos el ejemplo de una oficina bastante céntrica localizada en un entresuelo o un primer piso cuyo coste podría ser 50.000€. Una vivienda en el mismo edificio por reformar costaría 110.000€ en este ejemplo. Supongamos que si la operación de reforma fuera en la vivienda nos tomaría 9 meses (reforma, venta y registro) y en el caso de oficina con cambio de uso suponemos 12 meses. Estos serían los resultados si comparamos ambas operaciones:

Costes	Vivienda	Oficina
Compra del inmueble	- 110.000 €	- 50.000 €
Reforma	- 21.000 €	- 25.000 €
IBI + Comunidad de vecinos	- 4.000 €	- 4.000 €
ITP	- 11.000 €	- 5.000 €
Notaría, Registro	- 1.000 €	- 1.000 €
Certificado energético y tasación	- 1.000 €	- 1.000 €
API	- 2.000 €	- 2.000 €
Contingencia	- 3.000 €	- 8.000 €
Proyecto cambio de uso	- €	- 8.000 €
Total Costes	- 153.000 €	- 104.000 €
Ingresos		
Venta del inmueble	175.950 €	170.950 €
Resutados		
Beneficio bruto	22.950 €	66.950 €
TIR proyecto	20,0%	64,4%
ROCE	15,0%	64,4%

Como puedes observar la rentabilidad se multiplica, pero es que además el capital de inversión inicial es mucho menor. Es por ello que hay empresas que se han especializado en este nicho en grandes ciudades y se han convertido en auténticos expertos en exprimir al máximo la rentabilidad que pueden dar este tipo de operaciones.

Contrato de arras

Definición de contrato de arras

Un contrato de arras en el ámbito inmobiliario significa un pacto de un futuro contrato, en este caso la futura compra-venta al precio establecido.

Historia de las arras

El origen de las arras lo encontramos en las arras matrimoniales usadas por los hebreos. Arras viene de *arrab*, que significa compromiso. Estos entregaban 13 monedas de oro y plata, una por cada mes del año y la decimotercera de otra material inferior a modo de limosna. Estas representaban algo menos de la mitad del patrimonio del novio, lo que convertía la entrega de arras en una donación para la futura esposa e hijos.

Esta tradición se heredó en la época romana donde se introdujo en el Derecho Romano el concepto de arras esponsalicias, que sería el origen de las actuales arras penitenciales. Posteriormente llegó a la Edad Media, que fue cuando se incorporó a España esta tradición en el ámbito nupcial.

> **No todos los contratos de arras son iguales**

Tipos de arras

Se distingue entre 3 tipos de contratos de arras regulados por el Código Civil. Es importante conocer la diferencia entre ellos y usar el que más nos conviene. Por norma general tenemos que buscar una fórmula que permita deshacer los acuerdos compensando a las partes por los daños y perjuicios causados, idealmente solo en nuestro favor.

Arras penitenciales

Son el tipo de arras más usadas y su origen viene del Derecho Romano. Con este tipo de arras se puede desistir el pacto de contrato de compra-venta por cualquiera de las partes de manera unilateral. Se entienden como un anticipo del precio, pero este anticipo se transforma en el único elemento compensatorio en caso de disolución contractual.

Se regula mediante el artículo 1454 del Código Civil que indica:

Si hubiesen mediado arras o señal en el contrato de compra y venta, podrá rescindirse el contrato allanándose el comprador a perderlas, o el vendedor a devolverlas duplicadas.

En argot jurídico su significado se define de la siguiente manera:

Las arras penitenciales son aquellas que autorizan a desligarse lícitamente del cumplimiento del contrato a cualquiera de las dos partes perdiéndolas el *tradens*, si es el que se arrepiente, o restituyéndolas el *accipiens*, si fue él el que desistió del cumplimiento.

Para que no haya duda de qué tipo de arras se están usando es muy recomendable hacer referencia en las mismas al artículo 1454 mencionado.

Arras confirmatorias

En este tipo de arras estas son la prueba del perfeccionamiento del contrato y por tanto no autorizan a desistir del mismo. Se entienden como un anticipo del precio pactado en el contrato.

Su firma no prejuzga sobre la cuantía de la indemnización, ni sobre la posibilidad de exigir el cumplimiento forzoso, ni sobre la acción resolutoria a tenor del artículo 1124 CC. Por tanto la parte cumplidora del contrato podrá exigir a la otra, el cumplimiento o la resolución, en ambos casos con una indemnización de daños y perjuicios si así se estima, se demuestra y se cuantifica

Así pues, si se resuelve el contrato las arras son devueltas, a excepción de las cantidades reconocidas como indemnización. Su regulación viene del mencionado artículo 1124.

Arras penales

Es una variación de las arras penitenciales, pero en este caso las partes se exigen al cumplimiento del contrato. Hay que hacer mención expresa de esta intención en el contrato de arras. El pago de las arras sirve como garantía de compensación parcial o total de los daños y perjuicios causados en caso de desistimiento.

Aplican los artículos 1152, 1153 y 1154 del Código Civil.

Viviendas de Protección Oficial (VPO)

En lo que se refiere al mercado de inversión inmobiliaria la VPO queda fuera de juego. Este tipo de inmueble está diseñado para aquellas personas con situación económica que amerite la tutela de la Administración y no dispongan previamente de otras propiedades.

Por tanto, si vives en una VPO no puedes comprar un segundo inmueble, pues dejarías de estar en la situación de vulnerabilidad económica expuesta.

Por otro lado, no puedes adquirir una VPO como inversión, ya que no cumplirías los motivos que ameritan el derecho a esta (ni sería tu vivienda habitual ni probablemente sería tu único inmueble). Así que abstente de mirar anuncios de inmuebles con estas características si no es para invertir en tu primera adquisición como vivienda habitual.

Contratos de explotación de vivienda y otros servicios

Si no dispones de capital inicial para llevar a cabo ninguna de las operaciones inmobiliarias que se sugieren a lo largo del libro una alternativa viable son los contratos de explotación de vivienda.

Estos contratos se basan en gestionar de manera profesional una vivienda de tal manera que ahorramos al propietario todo el tiempo que ello conlleva, y además si es posible mejoraremos su rentabilidad.

En este tipo de contratos podemos distinguir entre 3 grandes capítulos:

- Servicios de gestión del alquiler
- Explotación mediante viviendas compartidas
- Explotación como apartamento turístico

Remarcar que ninguno de los tres planteamientos se rigen por la Ley de Arrendamientos Urbanos, que en su artículo 2.1 define:

Se considera arrendamiento de vivienda aquel arrendamiento que recae sobre una edificación habitable cuyo destino primordial sea satisfacer la necesidad permanente de vivienda del arrendatario

Como no seremos el arrendatario no aplica la LAU y hablamos de un contrato de tipo comercial.

Servicios de gestión del alquiler

Se trata de ofrecer los servicios de gestión de los cuales el propietario es responsable. Esto puede ir desde la búsqueda de inquilino y firma del contrato, registrar el depósito de la fianza, gestionar los seguros y los cobros hasta solucionar las averías del inmueble.

Ten en cuenta que en algunas Comunidades Autónomas debes estar registrado como API para ofrecer estos servicios. Si este es el caso siempre podrías ofrecer este servicio entre amigos y familiares.

En el proceso de búsqueda de inquilino podemos cobrar la primera mensualidad como comisión y después podemos cobrar una comisión entre el 10 y el 15% del alquiler.

En este caso todo el riesgo sigue recayendo en el propietario, por lo que no estamos hablando de un contrato de explotación de vivienda, simplemente de la gestión del alquiler.

Aconsejamos incluir en los servicios la gestión del seguro de impagos, que tiene un coste aproximado de un 4% de la renta del alquiler, pero hay que remarcar que el riesgo debe recaer finalmente en el propietario, nunca en el gestor. Ejemplos de aseguradoras que ofrecen este servicio son Mapfre, Arag, Mutua Madrileña, DAS o Allianz.

> **El seguro de impagos de alquiler será tu mejor aliado, especialmente si eres novato**

Este tipo de servicios genera unos ingresos bajos, por lo que están bien como suplemento, pero no son suficientes para pagar las cuotas de autónomos, por lo que necesitaremos o bien un buen volumen o complementarlo con otros ingresos y/o servicios. Por ejemplo si gestionamos 12 inmuebles ya estaríamos hablando de un sueldo, teniendo en cuenta las comisiones mensuales y las de búsqueda de inquilino.

Para inmuebles en buen estado podemos hablar de promedio de 2 a 3 intervenciones al año, y para inmuebles más antiguos hablaríamos de 3 a 6, por lo que estaríamos hablando de atender aproximadamente una o dos gestiones por semana en el ejemplo de los 12 inmuebles.

Explotación mediante viviendas compartidas

En este modelo de negocio firmaremos un contrato con el propietario por el cual nosotros gestionamos el alquiler del inmueble a través de subarriendos. Este subarriendo suele ser a estudiantes o a trabajadores desplazados normalmente, y se aconseja no mezclar ambos públicos.

Pongamos un ejemplo práctico. Tenemos un inmueble que se alquilaba a precio de mercado a 650€/mes, con 3 habitaciones que arrendamos a 350€ cada una. Ahora el importe por alquiler de la totalidad de las habitaciones asciende a 1.050€, por lo que hemos obtenido 400€ de margen; rentabilidad que podríamos repartir con el propietario en un 70/30, por lo que nos quedamos con 280€ y le pagamos 120€ adicionales a los 650€ de alquiler.

Para hacer bien estas cifras hagamos de nuevo el ejercicio, pero esta vez considerando que la ocupación promedio es del 80%, por lo que de media ingresaríamos 840€ (80% de 1.050), lo que nos da un margen de 190€, que repartidos al 70/30 serían 133€ para nosotros y 57€ adicionales para el propietario. Ahora, vistos estos resultados teóricos es momento de ofrecerle al propietario por ejemplo 700€ de alquiler al mes, en lugar de los 650€ que tiene ofertados.

Quizás los 133€ de margen te puedan parecer pocos, pero piensa que no estás poniendo capital ninguno, y se trata de repetir esta operación tantas veces se pueda para conseguir una buena mensualidad.

Existen casos en los que estos márgenes pueden rondar los 350€ por inmueble, especialmente en grandes capitales, así que se trata de buscar pisos en alquiler y aplicar este modelo.

Para empezar precisarás un modelo de contrato de explotación (entre 1 y 3 años) y tarjetas de visita. En cuanto consigas el primer contrato ya puedes darte de alta como autónomo. Una página web decente de presentación también ayuda, e inclusive un video animado explicando los servicios.

Firma en el contrato un periodo de carencia de 2 a 4 semanas, para probar si la propiedad es rentable. Te puedes adelantar inclusive poniendo previamente algún anuncio en un portal de alquiler o dejando un panfleto en las universidades para ver si hay mercado para ello.

En cuanto al propietario solo le estamos proponiendo ventajas, pues va a mejorar el rendimiento por el alquiler, no va a tener que dedicarle tiempo y además factura a una empresa (normalmente autónomo), por lo que no está sujeto a las condiciones de la LAU y la duración de alquiler establecida en ella.

> **Las viviendas compartidas dan más rentabilidad que el alquiler tradicional, pero también requieren más dedicación**

Ten en cuenta si el inmueble requiere alguna pequeña mejora, como un repintado, un nuevo sofá e incluso puedes ver si cabe alguna habitación extra haciendo alguna partición con pladur si quieres maximizar beneficios.

Si este modelo de negocio de vivienda compartida lo gestionamos directamente como propietarios del inmueble hablaríamos de rentabilidades esperadas entre el 20 y el 30% teniendo en cuenta el apalancamiento financiero. Llegar al 20% es relativamente sencillo, partiendo de la base de comprar un inmueble que esté muy bien de precio y en una zona con demanda. Para llegar al 30% se hace imprescindible transformar el salón en una habitación adicional, reduciendo por tanto los elementos comunes a la cocina, lavabo, recibidor y pasillos. Piensa que el perfil de inquilino busca reducir los costes, por ello elementos comunes o ascensor son complementos que no valoran especialmente, por ello en la búsqueda del inmueble prima el coste y la distribución, es decir no pienses en el inmueble como si lo fueras a comprar para tu uso, céntrate en el negocio y en tu público objetivo.

Sugerencias en la búsqueda del inquilino

- Si eliminas el salón evitas que se organicen fiestas, y por tanto tu inquilino será probablemente más un trabajador que un estudiante
- Pide 2 meses de fianza (1 es poco y 3 es excesivo)
- Exige mínimo 3 meses de estancia mínima
- Rechaza personas inscritas en el ASNEF
- Incluye un descuento por pronto pago (unos 5€ por ejemplo)

Explotación como apartamento turístico

El esquema de negocio es parecido al anterior en cuanto a la relación con el propietario del inmueble. Las ratios de alquiler entre 60 y 80€ por día son habituales en temporada alta.

En este caso prima la maximización de la ocupación del inmueble, pues es lo que hace que sea rentable para grupos numerosos como familias o grupos de amigos, por lo que es interesante incluir alguna litera y sobre todo el sofá-cama.

De nuevo esta actividad está regulada en algunas Comunidades Autónomas y además en muchos casos requiere de licencia municipal. Por lo que infórmate concienzudamente de cómo funciona en la zona donde quieres trabajar, aquí solo te voy a exponer las líneas generales del modelo de negocio.

Pongamos un ejemplo. Tenemos el mismo apartamento que antes con un alquiler mensual de 650€ al mes. La capacidad máxima es para 6 personas, y estimamos que alquilaremos 6 meses al año con una ocupación del 75% y un promedio de 65€/día: 6x75%x65€*30 = 8.775€ (1.462,50€ promedio de ingreso mensual en temporada alta). En temporada baja estimamos una ocupación del 20% a un promedio de 45€/día = 6x25%x45€x30 = 2.025€ (337,50€ de ingreso mensual en temporada baja).

Los ingresos totales son 8.775€+2.025€ = 10.800€, lo que supone una media de 900€ al mes, esto deja un margen de 250€ mensuales respecto el precio del alquiler, como ves la rentabilidad es el doble que en el caso de la vivienda alquilada a estudiantes, pero el tiempo de dedicación también es mucho mayor.

Es muy recomendable una ubicación estratégica del inmueble, pues hay zonas como los cascos históricos donde este producto es doblemente atractivo, tanto para turistas como para nativos como alquiler tradicional o alquiler por corta o media duración.

A nivel fiscal y de responsabilidad ante las Administraciones hay que distinguir entre el propietario del inmueble y el titular de la explotación, lo detallaremos más adelante. El titular de la actividad turística debe presentar una declaración responsable de inicio de actividad turística ante la Administración (salvo en Cataluña donde la firman ambas partes). Comentar que en ninguna de las modalidades se aplicará la reducción del 60% al rendimiento neto, pues las viviendas turísticas no tienen por finalidad satisfacer una necesidad permanente de vivienda.

Por último destacar que el alquiler de un apartamento turístico dentro de una edificación en un régimen de propiedad horizontal está sujeta al principio de unidad de explotación. Esto significa que el edificio solo puede ser gestionado por una única empresa.

Esta interpretación de la unidad de explotación depende de cada Comunidad Autónoma, siendo las más restrictivas Andalucía, Baleares, Cantabria, Cataluña y Galicia. En estas, si queremos explotar un apartamento turístico en un edificio con una gestora existente nos vemos obligados a hacerlo mediante esta empresa explotadora.

De manera resumida podemos plantear 3 modelos de gestión para el caso de los apartamentos turísticos:

Caso 1: El propietario alquila directamente el apartamento turístico

En este supuesto el propietario promociona y gestiona directamente su apartamento turístico, incluyendo la recepción, la facturación y la prestación de servicios.

En este caso propietario y titular de la explotación coinciden (son la misma persona física) y por tanto este es responsable ante el cliente y la Administración de Turismo.

Las obligaciones fiscales las veremos en el capítulo destinado a fiscalidad en alquiler de apartamentos turísticos, pero de manera resumida adelanto que el propietario declara por lo general en el IRPF, y que si ofrece servicios complementarios estos deben incluir el IVA. Otro aspecto remarcable es que se precisa la presentación del modelo 036 en la Agencia Tributaria como arrendador.

Caso 2: El propietario alquila el apartamento turístico a través de un tercero

A través de un contrato de gestión o de explotación se definen la prestación de los servicios mediante una empresa (o autónomo) gestora.

En este caso hay dos posibilidades. La primera es la gestión como apoyo y asistencia, que sería el caso típico de plataformas como Airbnb o Booking para encontrar clientes. En esta modalidad la empresa gestora no asume responsabilidad en materia de turismo.

La siguiente opción sería que una empresa especializada se encarga de la gestión integral de la explotación turística y por tanto asume los riesgos administrativos y empresariales. Por lo que esta sería responsable de cualquier infracción de la normativa turística, eso sí, se debe especificar en el contrato pertinente. Cabe decir que hay Comunidades Autónomas donde la responsabilidad es solidaria entre el titular de la actividad económica y el propietario.

Veremos posteriormente la fiscalidad aplicable a estos supuestos.

Caso 3: propietario alquila inmueble y el arrendatario lo subarrienda turísticamente

En este supuesto el propietario firma un contrato de arrendamiento de uso distinto al de vivienda por el que se autoriza al arrendatario a la explotación económica del mismo a través de subarriendos turísticos. En el contrato se deben trasladar las responsabilidades en materia de turismo y comercio al arrendatario.

A nivel fiscal el propietario declara los ingresos como rendimientos del capital inmobiliario pero debe darse de alta en Hacienda (modelo 037) y repercutir el IVA.

¿Te apetece montar un coworking?

Una de las alternativas en cuanto a uso de un espacio de un bien inmueble es el coworking. Este se basa en compartir oficinas y servicios de administración y copistería entre otros entre distintos profesionales *freelance*, de tal manera que se diluyen los costes fijos entre todos los usuarios de este espacio.

Ventajas del coworking para el profesional

Tal y como se ha mencionado la principal ventaja es la reducción de los costes fijos. Si ese profesional tuviera que montarse un despacho probablemente le costaría entre 3 y 5 veces más que la cuota del coworking, sin sumarle los servicios de administración.

El usuario tiene un especio designado, que puede ser fijo o rotativo. Los servicios mínimos a prestarle serán los de copistería, wifi y aseo, aparte de obviamente el espacio de trabajo amueblado.

En muchos casos se ofrecen los servicios básicos administrativos, que pueden ser muy útiles de cara a recibir clientes o recoger paquetes o correspondencia y en ocasiones sala de espera y terraza. También es habitual que se ofrezcan servicios de contabilidad (aparte).

Por último una de las ventajas para un autónomo es que puede domiciliar su negocio en la dirección del coworking, desligando por tanto la residencia habitual de su negocio.

El negocio del coworking: concepto, cifras y resultados

La idea principal es ser propietario o tener los derechos de explotación del bien inmueble para la instalación de las oficinas. Los usuarios pagarán una tarifa con el objetivo de cubrir los costes fijos más un margen. Inclusive puedes plantearte instalarte tú mismo en uno de los despachos y ofrecer los servicios de administración para optimizar los costes.

Un punto que debes tener claro es que si ofreces los servicios de administración, y teniendo en cuenta que el horario del coworking es dilatado precisarás de dos personas para cubrir este servicio.

Hemos mencionado antes que debes tener en cuenta los costes de wifi y copistería y como inversión inicial el amueblado. Aparte tendremos costes anuales como los seguros, la revisión de extintores, el servicio de prevención ajeno (SPA) y algún otro, así como los costes mensuales de comunidad de vecinos, electricidad y agua (y quizás gas).

Vamos a plantear un ejemplo en el que queremos obtener una rentabilidad bruta anual del 18% (TIR) y a partir de aquí calcularemos el nº mínimo de socios para que primeramente cubramos costes y como segundo punto alcancemos la rentabilidad esperada.

Partimos como idea de un espacio de 120m^2, con 10m^2 destinados a recepción y área de impresora, 14m^2 son pasillos, 6m^2 son aseos y 10m^2 son para área de café; con todo esto nos quedan 80m^2 disponibles para oficinas, lo que nos daría para instalar 10 despachos privados y un área común para máximo 20 personas.

Datos de partida:

Caso de inmueble en alquiler

Gastos	Frecuencia		Equivalencia anual
Reforma	inicial	14.400 €	1.440 €
Amueblado	inicial	7.000 €	700 €
Instalaciones telecos	inicial	3.000 €	300 €
Seguros	anual	400 €	400 €
Servicios SPA	anual	300 €	300 €
Extintores	anual	250 €	250 €
Personal	anual	25.650 €	25.650 €
Alquiler	mensual	700 €	8.400 €
Luz	mensual	300 €	3.600 €
Agua	mensual	50 €	600 €
Wifi y otros	mensual	180 €	2.160 €
Comunidad vecinos	mensual	- €	- €
Copisteria	mensual	250 €	3.000 €
Servicio cafeteria	mensual	250 €	3.000 €
Total coste anual promedio			49.800 €
Total coste mensual promedio			4.150 €

Esquema de negocio para recuperar capital inicial (*payback*)

	1	2	3	4	5	6	7	8	9	10
Costes	36.975 €	40.673 €	49.800 €	49.800 €	49.800 €	49.800 €	49.800 €	49.800 €	49.800 €	49.800 €
Socios area común	4	5	6	10	12	18	18	20	20	20
Tarifa común	120 €	120 €	120 €	120 €	120 €	120 €	120 €	120 €	120 €	120 €
Socios despacho	2	3	6	8	10	10	10	10	10	10
Tarifa despacho	300 €	300 €	300 €	300 €	300 €	300 €	300 €	300 €	300 €	300 €
Ingresos	12.960 €	18.000 €	30.240 €	43.200 €	53.280 €	61.920 €	61.920 €	64.800 €	64.800 €	64.800 €
Resultado	- 24.015 €	- 22.673 €	- 19.560 €	- 6.600 €	3.480 €	12.120 €	12.120 €	15.000 €	15.000 €	15.000 €
Acumulado	- 24.015 €	- 46.688 €	- 66.248 €	- 72.848 €	- 69.368 €	- 57.248 €	- 45.128 €	- 30.128 €	- 15.128 €	- 128 €
									TIR	-0,05%

Esquema de negocio con una TIR del 18%

Caso inmueble alquiler y rendimiento 18%

	1	2	3	4	5	6	7	8	9	10
Costes	36.975 €	40.673 €	49.800 €	49.800 €	49.800 €	49.800 €	49.800 €	49.800 €	49.800 €	49.800 €
Socios area común	9	12	15	17	18	19	20	20	20	20
Tarifa común	120 €	120 €	120 €	120 €	120 €	120 €	120 €	120 €	120 €	120 €
Socios despacho	5	5	6	7	8	8	9	9	10	10
Tarifa despacho	300 €	300 €	300 €	300 €	300 €	300 €	300 €	300 €	300 €	300 €
Ingresos	30.960 €	35.280 €	43.200 €	49.680 €	54.720 €	56.160 €	61.200 €	61.200 €	64.800 €	64.800 €
Resultado	- 6.015 €	- 5.393 €	- 6.600 €	- 120 €	4.920 €	6.360 €	11.400 €	11.400 €	15.000 €	15.000 €
Acumulado	- 6.015 €	- 11.408 €	- 18.008 €	- 18.128 €	- 13.208 €	- 6.848 €	4.552 €	15.952 €	30.952 €	45.952 €
									TIR	18,13%

Para estos rendimientos solo se ha tenido en cuenta el coste de una persona en administración.

En el caso de que adquiramos el inmueble financiando 50.000€ a 10 años al 5% los resultados mejoran bastante. Hemos hecho los mismos cálculos teniendo en cuenta el valor del patrimonio en propiedad para calcular la TIR.

Caso compramos el inmuble y financiamos 50.000 a 10 años al 5%

Gastos	Frecuencia	0	Equivalencia anual
Reforma	inicial	14.400 €	1.440 €
Amueblado	inicial	7.000 €	700 €
Instalaciones telecos	inicial	3.000 €	300 €
Seguros	anual	400 €	400 €
Servicios SPA	anual	300 €	300 €
Extintores	anual	250 €	250 €
Personal	anual	25.650 €	25.650 €
Hipoteca	mensual	530 €	6.360 €
Luz	mensual	300 €	3.600 €
Agua	mensual	50 €	600 €
Wifi y otros	mensual	180 €	2.160 €
Comunidad vecinos	mensual	70 €	840 €
Copisteria	mensual	250 €	3.000 €
Servicio cafeteria	mensual	250 €	3.000 €
Total coste anual promedio			48.600 €
Total coste mensual promedio			4.050 €

En este primer resumen puedes ver que el nº de socios necesario para llegar a los mismos rendimientos que en el caso anterior son inferiores. Esto es debido a que el coste del préstamo hipotecario es inferior al coste del alquiler y a que parte de la cuota se dedica a adquirir el patrimonio inmobiliario.

Caso inmueble propiedad y rendimiento 0% (solo payback)

	1	2	3	4	5	6	7	8	9	10
Costes	46.170€	46.656€	47.142€	48.600€	48.600€	48.600€	48.600€	48.600€	48.600€	48.600€
Socios area común	4	5	6	10	14	14	16	16	18	18
Tarifa común	120€	120€	120€	120€	120€	120€	120€	120€	120€	120€
Socios despacho	2	3	5	5	5	7	7	7	8	10
Tarifa despacho	300€	300€	300€	300€	300€	300€	300€	300€	300€	300€
Ingresos	12.960€	18.000€	26.640€	32.400€	38.160€	45.360€	48.240€	48.240€	54.720€	61.920€
Resultado	- 33.210€	- 28.656€	- 20.502€	- 16.200€	- 10.440€	- 3.240€	- 360€	- 360€	6.120€	13.320€
Acumulado	- 33.210€	- 61.866€	- 82.368€	- 98.568€	-109.008€	-112.248€	-112.608€	-112.968€	-106.848€	- 93.528€
									TIR	-0,15%

Caso inmueble propiedad y rendimiento 18%

	1	2	3	4	5	6	7	8	9	10
Costes	46.170€	46.656€	47.142€	48.600€	48.600€	48.600€	48.600€	48.600€	48.600€	48.600€
Socios area común	9	12	15	16	17	18	18	18	20	20
Tarifa común	120€	120€	120€	120€	120€	120€	120€	120€	120€	120€
Socios despacho	5	5	6	6	6	7	8	8	9	10
Tarifa despacho	300€	300€	300€	300€	300€	300€	300€	300€	300€	300€
Ingresos	30.960€	35.280€	43.200€	44.640€	46.080€	51.120€	54.720€	54.720€	61.200€	64.800€
Resultado	- 15.210€	- 11.376€	- 3.942€	- 3.960€	- 2.520€	2.520€	6.120€	6.120€	12.600€	16.200€
Acumulado	- 15.210€	- 26.586€	- 30.528€	- 34.488€	- 37.008€	- 34.488€	- 28.368€	- 22.248€	- 9.648€	6.552€
									TIR	17,93%

Seguidamente te presento los datos de un ejercicio interesante. Mantengamos las cifras esperadas de socios para la hipótesis en alquiler y lo trasladamos al caso del inmueble en propiedad para calcular la TIR resultante:

Caso inmueble propiedad (equivalencia solo payback caso alquiler)

	1	2	3	4	5	6	7	8	9	10
Costes	46.170€	46.656€	47.142€	48.600€	48.600€	48.600€	48.600€	48.600€	48.600€	48.600€
Socios area común	4	5	6	10	12	18	18	20	20	20
Tarifa común	120€	120€	120€	120€	120€	120€	120€	120€	120€	120€
Socios despacho	2	3	6	8	10	10	10	10	10	10
Tarifa despacho	300€	300€	300€	300€	300€	300€	300€	300€	300€	300€
Ingresos	12.960€	18.000€	30.240€	43.200€	53.280€	61.920€	61.920€	64.800€	64.800€	64.800€
Resultado	- 33.210€	- 28.656€	- 16.902€	- 5.400€	4.680€	13.320€	13.320€	16.200€	16.200€	16.200€
Acumulado	- 33.210€	- 61.866€	- 78.768€	- 84.168€	- 79.488€	- 66.168€	- 52.848€	- 36.648€	- 20.448€	- 4.248€
									TIR	15,98%

Puedes observar que donde antes teníamos una TIR de un 0% ahora tenemos un 15,98%

Caso inmueble propiedad y rendimiento 18%

	1	2	3	4	5	6	7	8	9	10
Costes	46.170 €	46.656 €	47.142 €	48.600 €	48.600 €	48.600 €	48.600 €	48.600 €	48.600 €	48.600 €
Socios area común	9	12	15	16	17	18	18	18	20	20
Tarifa común	120 €	120 €	120 €	120 €	120 €	120 €	120 €	120 €	120 €	120 €
Socios despacho	5	5	6	6	6	7	8	8	9	10
Tarifa despacho	300 €	300 €	300 €	300 €	300 €	300 €	300 €	300 €	300 €	300 €
Ingresos	30.960 €	35.280 €	43.200 €	44.640 €	46.080 €	51.120 €	54.720 €	54.720 €	61.200 €	64.800 €
Resultado	- 15.210 €	- 11.376 €	- 3.942 €	- 3.960 €	- 2.520 €	2.520 €	6.120 €	6.120 €	12.600 €	16.200 €
Acumulado	- 15.210 €	- 26.586 €	- 30.528 €	- 34.488 €	- 37.008 €	- 34.488 €	- 28.368 €	- 22.248 €	- 9.648 €	6.552 €
									TIR	17,93%

Este ejercicio nos permite comparar ambas opciones, la de inmueble alquilado o bien comprado mediante financiación.

3. FINANCIACIÓN Y GASTOS

Alternativas para reducir el capital inicial necesario

La principal barrera de entrada aparente en este negocio es el capital inicial necesario, sin duda lo es pero vamos a ver alternativas para reducir este al mínimo y por tanto abrir las opciones que da el mercado a más personas y a la vez aumentar notablemente el ROCE.

Inmuebles de *stock* bancario

Con la última crisis inmobiliaria (2008-2013) las entidades bancarias se cargaron de inmuebles embargados por impagos, y aunque pueda parecer que es un buen negocio porque adquieren estos bienes por debajo de su valor inicial de compra hay que tener en cuenta que el precio de mercado también se devaluó y otro aspecto aún más importante: no es su *core business*. El negocio de los bancos es prestar dinero y obtener intereses por ello, en cambio el negocio inmobiliario no es su sector ni pretenden que lo sea.

Aparte, hay que tener en cuenta que cada inmueble embargado supone unos costes judiciales (o jurídicos) importantes. No es que pretenda defender a los bancos, simplemente quiero hacer entender que el embargo de un inmueble no es algo de su agrado, ya no por cuestiones morales, sino simplemente por resultados económicos, es decir, para el banco la situación ideal es que las personas paguen sus hipotecas a los intereses pactados, esta es la solución óptima para todas las partes, pero como sabemos no siempre se produce.

Dicho esto, como un inmueble es algo que molesta al banco estará dispuesto a venderlo a buen precio y lo que es más importante a financiarlo el máximo posible, precisamente porque quieren darle solución a su problema. Es decir, probablemente te financiarán un inmueble de su cartera al 90% antes que ofrecerte una hipoteca con financiación del 80% por un piso del mercado.

> **Los inmuebles de *stock* bancario son una de las mejores vías para conseguir el 100% de financiación**

Vimos en el capítulo de definición del ROCE que la rentabilidad se disparaba al aumentar el apalancamiento financiero, esto es a tipos bajos cuanto más nos preste el banco más rentable es la operación. Recordemos las cifras del ejemplo:

Financiación	80%	90%	100%
ROCE alquiler	8,5%	11,7%	20,5%
ROCE total	10,9%	14,1%	22,9%

En este ejemplo el PVP era de 120.000€ financiado a un tipo del 2% y un alquiler mensual de 600€. Para el caso de financiación al 90% suponía una necesidad de capital inicial en torno a los 25.000€ (entre capital inicial, impuestos y gastos) y de aproximadamente 13.000€ para la hipótesis del 100% de financiación.

Mira los portales inmobiliarios destacados de los bancos y pásate por tu oficina habitual para preguntar si disponen de algún inmueble interesante. Una vez localices tu objetivo investiga al máximo sobre él, visita la finca, pregunta a los vecinos y al presidente de la Comunidad o al gestor de la finca. Tu objetivo es conocer el estado del inmueble y los posibles riesgos, y ante todo descartar que el piso esté ocupado, bien sea por terceros, bien sea por los antiguos propietarios. Esto es importante, pues si el inmueble está ocupado aunque lo adquieras deberás iniciar un proceso judicial hasta que consigas el lanzamiento (desahucio), y esto es correcto para pisos de subastas judiciales, pero no es algo que a priori nos interese para pisos de *stock* bancario, a no ser que hablemos de precios de derribo.

Eso sí, te aconsejo que huyas de inmuebles donde residan como vivienda habitual los antiguos propietarios por dos motivos principales.

El primer motivo es por moralidad, yo personalmente no me planteo entrar en un negocio para echar a nadie de su casa, independientemente de si ya es propiedad suya o no. Sé que jurídicamente ha perdido el derecho de su vivienda, pero dejemos que sea otro quien siga este camino, si así lo desea. El mercado es suficientemente grande para no tener que entrar en estos casos.

El segundo motivo es la Ley 1/2013 sobre expropietario en riesgo de exclusión social. Veremos esto en más detalle en el capítulo de subastas judiciales, pero quédate con la idea de que es fácil que el anterior propietario se perpetúe en su anterior vivienda por un largo periodo.

Contrato de reserva de compra y posterior explotación

En este caso hablamos de hacer la operación de revalorización que se considere (ahora veremos las distintas opciones) sin ser propietarios del inmueble. ¿Cómo? Sí, has leído bien, este modelo de negocio nos permite hacer aquellas reformas, mejoras y gestiones para revalorizar el inmueble, sin entrar en procesos de venta y sobre todo, ahorrándonos los impuestos de transmisión.

Hablamos de inmuebles que quizás precisan de una reforma que impulse su precio de venta o que la hagan atractiva para sacarla en alquiler. En definitiva lo que se conoce como *house flipping*, es decir, reformar, revalorizar y posteriormente vender (a veces tras un periodo de alquiler).

El primer *warning* que tenemos que dar es que por motivos fiscales esta modalidad solo es interesante para empresas, porque son las únicas que se pueden desgravar los gastos de la reforma, al no ser titulares del inmueble. Esto diluye un poco la gran ventaja de ahorrarse los impuestos antes mencionados, pues las empresas dedicadas a las reformas para posterior puesta al mercado de viviendas tienen importantes bonificaciones.

La idea central es la de localizar un inmueble que lleve tiempo a la venta o anunciado en alquiler sin éxito y con posibilidades de mejora a través de reforma y cambio de imagen (*house flipping*). Haremos un estudio de coste de la mencionada reforma y con ello presentaremos una propuesta al propietario (seguidamente veremos un ejemplo), haciéndole entender que la vivienda lleva tiempo anunciada sin resultados y estamos aquí para proponerle una solución alternativa. Le exponemos que nos haremos cargo del coste y la gestión de la reforma y la puesta de nuevo al mercado del inmueble, todo ello mediante un contrato que inclusive lo podemos reconocer ante notario. Si lo piensas bien la mayor parte de inmuebles pendientes de reforma es por falta de conocimiento, tiempo o capital del propietario, algo a lo que podemos aportar solución, y por tanto cerrar un trato *win-win*, es decir todas las partes salimos beneficiadas.

> **En los contratos de reserva solo se benefician de desgravar la reforma las SL o autónomos**

Como punto inicial necesitamos una tasación precisa del estado actual del inmueble, a lo que le añadiremos el cálculo del coste de la reforma y todos los demás gastos (gestoría, licencias, gastos jurídicos...). Con todo esto tenemos un valor actualizado del inmueble (una vez finalizada la reforma) a lo que le añadiremos un beneficio objetivo, por ejemplo del 15% en la operación. En el contrato podemos pactar un precio mínimo de venta, con un tope máximo para el propietario y el resto de beneficio para nosotros. Es recomendable que el contrato no termine únicamente con esta hipótesis y añada la opción de la explotación en régimen de alquiler del inmueble por un cierto periodo, que como veremos para que sea rentable debe ser de unos 7 años o más. En este caso el propietario lo que está consiguiendo es la reforma de forma gratuita de su inmueble, que no es poco.

Pongamos un ejemplo para que resulte más clara la idea. Datos de partida:

- Inmueble en el centro histórico PVP 75.000€
- Superficie de 68m2
- Coste estimado de reforma y otros gastos de 360€/m2: 24.480€
- Valor mínimo inmueble posterior reforma: 114.400€ (75.000+24.480x1.15)
- Alquiler mensual: 580€
- *Payback* resultante en alquiler: 4 años

Proponemos en el contrato que podemos disponer del inmueble para su venta por un período de hasta 2 años con PVP mínimo objetivo de 114.400€ y en su defecto lo explotaremos en régimen de alquiler por un período de hasta 7 años, es decir, el propietario nos cede el usufructo del inmueble.

Si conseguimos la venta del inmueble por encima de la cifra mencionada después de la reforma procedemos como tal y cerramos el trato. El propietario se compromete en el contrato a personarse para la firma de la venta, o en su defecto sus herederos.

Hemos estudiado previamente el mercado del alquiler en la zona para inmuebles reformados, y obtenemos un precio de alquiler objetivo de 580€/mes, al que le supondremos un incremento anual del 1.5%.

Los retornos del alquiler durante estos 7 años suponiendo un beneficio neto equivalente a 10.5 meses por año (para cubrir periodos de no ocupación) son los siguientes:

Años en alquiler	1	2	3	4	5	6	7
Retorno alquiler anual neto	6.090 €	6.181 €	6.243 €	6.306 €	6.369 €	6.432 €	6.497 €
Retorno acumulado	6.090 €	12.271 €	18.515 €	24.820 €	31.189 €	37.621 €	44.118 €
TIR (beneficio anual promedio)	-75,1%	-35,8%	-12,7%	0,6%	8,6%	13,7%	17,1%

La TIR (Tasa Interna de Retorno) es el beneficio promedio actualizado anual de nuestra inversión inicial, es decir, es el ROCE resultante anual para el conjunto del periodo temporal de la operación. En este ejemplo obtendríamos un 17,1% de beneficio (antes de impuestos) para el caso de que tengamos la vivienda en alquiler durante 7 años (posteriores a la reforma).

Sería recomendable incorporar unas ventanas de salida anuales al contrato, especialmente en el caso que el propietario quisiera recuperar el inmueble, respetando los derechos adquiridos por el inquilino a tenor del contrato de arrendamiento vigente. Dejo a tu análisis qué cifra sería la adecuada en cada caso, pero te doy dos pistas:

• Debes recuperar siempre la inversión inicial y un beneficio neto

- La compensación será más alta cuanto menos tiempo haya pasado (pues como hemos visto en el cuadro anterior nuestra rentabilidad aumenta con el paso del tiempo)

Este modelo de negocio es especialmente interesante en el caso que consigamos la venta justo después de la reforma, pues optimizaremos el resultado y recuperaremos de manera rápida nuestro capital invertido, el ROCE resultante del 15% se transforma en una TIR del 20% (rendimiento equivalente anual) en el caso de que cerremos toda la operación en 9 meses (algo muy factible) y además el propietario estará encantado porque le hemos solucionado el problema en tiempo récord. Además este 15% de rendimiento objetivo probablemente sea bastante superior, pues los inmuebles reformados se suelen revalorizar de manera notable.

Por último recordarte que en el capítulo sobre alternativas de subarriendo y contratos de explotación vimos alternativas que no requerían de inversión inicial que quizás se ajusten a tus necesidades.

Gastos de la compraventa

En el momento de proceder a la compra de una vivienda se ha de hacer frente a una serie de gastos que ascienden a un importe considerable.

Estos gastos de compra de vivienda corresponden a la tasación, los gastos notariales, comisión del intermediario, el Registro de la Propiedad, la gestoría y la liquidación de impuestos normalmente. El IVA o el Impuesto de Transmisiones Patrimoniales (dependiendo de si es compra de obra nueva o de segunda mano) sumado a los anteriores rondarán entre el 10 y el 12% del precio de compra del inmueble, dependiendo de la Comunidad Autónoma.

Gastos notariales

Las tarifas están reguladas por el Estado, por lo que a priori el importe no debiera variar en función de la notaría.

Para el otorgamiento de escritura pública los costes rondarán entre los 600€ y los 1.000€.

Registro de la Propiedad

El objetivo es registrar públicamente las escrituras facilitadas por la notaría. El coste varía en función del valor de la vivienda, siendo habitual una horquilla de los 400€ a los 700€.

Que sepas que si bien el registro es muy recomendable no es un trámite obligatorio. Normalmente la gestoría se ocupa de realizar este proceso.

IVA y IAJD en obra nueva

En el caso de vivienda nueva adquirida directamente del promotor se liquidará el IVA, siendo normalmente el 10%, a excepción de las Islas Canarias donde se abona un 6,5% de Impuesto General Indirecto Canario (IGIC).

Para vivienda pública el IVA suele ser del 4%, pero varía en función de la Comunidad Autónoma y del tipo de vivienda social.

Aparte del IVA hay que liquidar el impuesto de Actos Jurídicos Documentados (IAJD) que nuevamente depende de cada CCAA, variando desde el 0,4% de Islas Canarias hasta el 1,5% de la mayoría de los casos. Puedes consultar el impuesto para cada CCAA en el Anexo I.

ITP y IAJD en obra usada

En el caso de vivienda de segunda mano en lugar de liquidar el IVA procederá hacer lo propio con el Impuesto de Transmisiones Patrimoniales (ITP). Los tipos sobre el valor escriturado depende de la CCAA, variando del 6,5% al 10%, aunque hay ciertos tipos reducidos, cómo por ejemplo la VPO, personas con discapacidad, jóvenes o familias numerosas.

El ITP depende de cada Comunidad Autónoma, y va desde el 4% del País Vasco hasta el 10% que sería el caso de Cantabria, Cataluña, Comunidad Valenciana y Galicia. Puedes ver el resto de casos en el Anexo II.

En el momento de escribir estas líneas el IAJD para vivienda de 2ª mano es el 0% en todo el Estado, aun así se debe liquidar el modelo 600 igualmente.

Gestoría

La gestoría no es un gasto obligado, si bien no conozco a nadie que haya procedido sin esta, pues hablamos de una operación con mucho valor en juego. Por el servicio de compraventa las tarifas suelen oscilar entre los 300€ y los 400€.

Comisión del intermediario

La agencia inmobiliaria o el agente API suele cobrar unas comisiones en torno al 3-5%. Estas comisiones bajan en el caso de usar servicios online, pero en cualquier caso es un gasto que difícilmente puedes saltarte a no ser que compres en una subasta judicial, a una entidad bancaria, al promotor o a un conocido directamente.

Gastos de la hipoteca

En el habitual caso de precisar un préstamo hipotecario hay que añadir los siguientes gastos.

Tasación del inmueble

El propio banco nos indicará un listado de tasadores disponibles, pero debes saber que cualquier tasador oficial debiera ser aceptado.

Con respecto a la tasación el banco financiará en mayor o menor medida la operación siendo lo habitual la financiación de hasta el 80% (a veces el 90%) del valor de tasación o de compra (el que resulte menor) para el caso de vivienda habitual y del 60% al 80% para el caso viviendas de inversión y segundos inmuebles.

Con la puesta en servicio de la Ley de Crédito Inmobiliario 5/2019 el resto de costes son a cargo de las entidades bancarias, tales como el Impuesto de actos jurídicos documentados, los gastos de gestoría, los gastos de notaría para el escritura del préstamo y el registro del mismo.

Impuestos en la venta de un inmueble

Plusvalía municipal

Este impuesto se liquida en el Ayuntamiento donde se ubica el inmueble vendido dentro de un plazo de 30 días desde la fecha de la venta. También es conocido como Impuesto sobre el Incremento del Valor de los Terrenos de Naturaleza Urbana.

Por norma general tributa este impuesto el vendedor de la propiedad, que actúa de sujeto pasivo. Para casos de transmisión gratuita (donación o sucesión) es el adquiriente quien actúa de sujeto pasivo.

3 FINANCIACIÓN Y GASTOS

Es bastante complicado establecer un importe pues cada caso y cada Ayuntamiento es distinto, en definitiva el impuesto grava la revalorización del suelo. Se tendrá en cuenta el valor del suelo en el momento de la transmisión y dependiendo del número de años transcurridos desde la adquisición del inmueble. En ningún caso el gravamen puede superar el tipo del 30%. Para que puedas hacerte una idea la horquilla habitual de este impuesto estaría entre los 1.000 y los 10.000€.

Con la reciente sentencia del Tribunal Constitucional el Gobierno ha tenido que modificar de urgencia con fecha 8 de noviembre de 2021 la Ley Reguladora de las Haciendas Locales, para por una parte cumplir con la sentencia y por otro no dejar a los Ayuntamientos sin recaudación por este impuesto.

A partir de ahora se pueden aplicar uno de estos dos métodos de cálculo (a elección del sujeto pasivo):

• Plusvalía real: Se calcula por la diferencia entre el valor de adquisición del terreno y el valor de venta. El impuesto a pagar será por el porcentaje que aplique el valor del suelo a la ganancia patrimonial, ya que se entiende que esa será la revalorización del suelo resultante.

• Sistema Objetivo: Será la base de cálculo del Ayuntamiento basado en unos coeficientes que se publican anualmente y que este podrá revisar hasta en un 15% a la baja.

Ganancia patrimonial

El segundo que pone la mano para diezmar tus beneficios es la Agencia Tributaria. En este caso se liquidará en la declaración del IRPF del año en curso, por lo general en la campaña de la renta o mediante el modelo 210 para los no residentes.

En este caso podemos deducir los gastos de notaría y gestoría, el Registro de la Propiedad, los gastos de reforma (si los hubiera), los gastos del agente API (ídem) y los tributos (IVA o ITP y AJD).

Para el caso de un residente español los tramos de tributación serían los siguientes:

- 19% para ganancias hasta 6.000€
- 21% para ganancias entre 6.000,01 y 50.000€
- 23% para ganancias superiores a 50.000€

Exenciones fiscales por la venta de vivienda

Existen una serie de exenciones que no tributan en el IRPF, pero lo que sí es obligado en todos los casos es indicar la operación de venta en la declaración del IRPF correspondiente. Mucho cuidado con este punto, pues Hacienda actúa duramente en caso de inspección y penaliza aun estando exento de tributar para los casos no declarados. Entrando en materia las exenciones son:

- Mayores de 65 años que vendan su vivienda habitual.

• Mayores de 65 años que vendan un inmueble que no sea la residencia habitual y destinen las ganancias a la contratación de una renta vitalicia.

• Reinversión de vivienda habitual (independientemente de la edad del contribuyente): En este caso se dispone de hasta 2 años para ejercer la reinversión, indicándolo eso sí en los epígrafes G2 y G5 de la declaración de la renta. Destacar que la reinversión debe ser del total del importe adquirido en la venta, si solo se reinvierte de forma parcial el fisco calculará la parte proporcional del beneficio reinvertido.

4. CONTACTOS PROFESIONALES

Lista de contactos profesionales a generar

Para que este negocio funcione como un reloj necesitarás una lista de contactos, algunos imprescindibles, otros simplemente recomendables. No te preocupes si a día de hoy no dispones de estos, ya aparecerán con el tiempo, a veces porque los busques tú mismo, en otras ocasiones porque te los recomienden e incluso te ocurrirá que ellos mismos vengan en tu búsqueda.

Agente API

El agente de la propiedad inmobiliaria no es una figura imprescindible pero te ayudará en tu negocio y además es bastante probable que se presente él mismo. Esta es la figura de intermediador en el proceso de compra-venta o de adquisición de inquilino.

En mi primera experiencia yo mismo puse el anuncio del piso en alquiler y el primero en contactar fue un agente API con el que a día de hoy llevamos 10 años de colaboración. El concepto es fácil, él se ocupa de las visitas, criba los inquilinos que no interesan y además te proporciona el modelo de contrato y lo redacta adaptado al caso en concreto. En mi caso además me ayudó a encontrar un bróker para gestionar el seguro de impagos de alquiler.

La parte interesante del API es que él conoce mejor que nadie los precios de mercado, optimizando el precio final de tu producto. Otro aspecto importante es que al final él tiene una agenda de propietarios e inquilinos de la zona, lo que ayuda a rotar los productos con cierta confianza.

Gestoría

Personalmente me gusta saber que cuento con un profesional a nivel fiscal y de gestión, especialmente en los casos de compra-venta. A pesar de que la mayoría de operaciones las pudiera hacer yo mismo me tranquiliza que haya un experto detrás y algo igual de importante, es responsable de ello.

Estas grandes ventajas quedan de sobra compensadas por el precio del servicio, que a mi entender es barato comparado con otros profesionales. Igualmente has de poner las cosas en perspectiva, gastarte 300€ en este servicio cuando en la operación estés sacando quizás 30.000€ solo representa un 1%.

Empresa de reformas

En el caso de que tengas necesidad de reformar una empresa de confianza será clave. En este caso es importante el precio y los plazos, pues hay empresas baratas pero que se retrasan mucho. Lo más económico será conocer los profesionales de cada sector y que seas tú quien los coordines, pero esto requiere experiencia, así que seguramente no debas empezar por aquí. Si partes de cero te recomendaría que tengas en mente una referencia de coste por metro cuadrado, ratios entre 250 y 600€ son los habituales dependiendo del tipo de trabajo, de las calidades, del volumen total contratado, de la prisa y de la ubicación. Piensa que cada mes de retraso es una mensualidad de alquiler que pierdes (o dinero que tienes inmovilizado si tu intención es venderlo), por lo que contratar a alguien barato pero que tarda mucho no siempre es la solución óptima.

Hay buenas empresas que incluso disponen de un interiorista, lo que le dará un valor añadido al producto final.

Controla los desembolsos, no pagues todo por anticipado pues te quedarás expuesto a la voluntad del constructor. En caso de que la cosa se vaya de madre en cuanto a retrasos o acabados quizás tengas que echar mano de tu abogado de confianza llegado a tal extremo. Lo ideal sería conocer a un par de empresas que trabajen bien y poder contar con ellos sin necesidad de estar pendientes de las condiciones contractuales, pero como eso no se puede garantizar intenta atarlo todo contractualmente.

En cuanto a facturación obviamente solicita todas las facturas, pues sino después no podrás desgravarlas. Teniendo en cuenta la desgravación, el coste del IVA queda prácticamente neutralizado, así que te recomiendo que lo hagas todo conforme a la legalidad. Si además decides darle más tiempo al proyecto podrías empadronarte en el inmueble, declararlo como tu vivienda habitual y solicitar por tanto el IVA reducido (10%).

Bróker de seguros

El bróker o agente de seguros es un profesional que analiza el mercado de las aseguradoras y te ofrece distintas alternativas para que las puedas comparar. El seguro lo contratas directamente a través de él.

En el caso de alquilar te recomiendo empezar con un seguro de impagos, este te desembolsará las mensualidades que no abone un inquilino moroso, dispone también de unas coberturas por desperfectos y se ocupará de la parte jurídica. No es algo imprescindible pero sí muy recomendable. Un valor añadido de este servicio es el proceso de análisis de solvencia del inquilino, pues solicitará datos laborales y otros (nóminas, declaración de la renta, vida laboral, las declaraciones fiscales del IVA e IRPF en el caso de autónomos...), por lo que si no hay una solvencia clara el seguro no aceptará al inquilino, o en su defecto solicitará un avalista solidario, que en la mayoría de los casos son los padres. Este es un método muy eficaz para quitarse de encima a posibles morosos y además te aconsejo que pidas los recibos de los últimos 2 años de alquiler (si ha vivido de este modo el futuro inquilino), para comprobar las fechas en las que ha ido pagando y detectar retrasos. También puedes recurrir a solicitar un informe al Fichero de Inquilinos Morosos (FIM) o al CIRBE.

Otro seguro que deberás disponer es el seguro de la vivienda, que si dispones de hipoteca ya lo tendrás seguramente contratado. Revisa los términos, porque quizás puedas optimizar el valor asegurado y reducir consecuentemente la cuota.

Lista de contactos para reparaciones

El fontanero, electricista, cerrajero, instalador de la caldera o de aire acondicionado son todo un clásico. La mayoría de ellos son muy especializados por lo que tendrás que ir al experto del sector y de poco te servirá conocerlo o no. Pero tener a alguien que sepa hacer cosas básicas, especialmente de fontanería y pintura es muy recomendable.

El propio seguro del hogar muchas veces dispone de un listado de profesionales con los que puedes contar. Cierto es que el coste es muy superior al de mercado, inclusive descontando la parte que cubre el seguro, pero ganas tiempo, por lo que es una ayuda muy interesante.

En mi caso en electrodomésticos de más de 5 años no me lo pienso y compro uno nuevo ante cualquier fallo grave, no ando con reparaciones que no sabes cuánto van a costar.

Por otro lado reparaciones que sí salen a cuenta en mi experiencia son:

- Caldera
- Aire acondicionado
- Cerrajería

Tus contactos serán una de tus principales herramientas de trabajo

Asegúrate de rodearte de los mejores

Arquitecto o aparejador

Será necesario en caso de que tengas que tocar aspectos estructurales en una reforma o bien quieras llevar a cabo un cambio de uso. Este profesional en principio solo lo necesitarás para estos casos concretos. También lo precisarás si has de tramitar la cédula de habitabilidad, porque se haya caducado la anterior, por cambio de uso o por cualquier otro motivo.

En cuanto al certificado energético hay muchas ofertas de cédula de habitabilidad más certificado energético que te saldrá a cuenta.

Además, si solo precisas el certificado energético, la lista de profesionales se amplía pues pueden emitirlo también los ingenieros e ingenieros técnicos, siendo el coste muy bajo. Para este servicio no es algo que te deba importar buscar el mejor profesional, pues al fin y al cabo se trata de un puro trámite. La Administración intentó que se justificaran medidas de eficiencia energéticas y recomendaciones pero a la práctica casi nadie las pone en marcha, y si vas a vender un inmueble no te aportará mucho valor añadido y en cambio te subirá el coste. En definitiva, como de costumbre la intención normativa era buena pero la realidad es otra, así que lo dicho, es un puro trámite por lo que debes optimizar su coste.

Abogado especialista en derecho civil

No es imprescindible pero tener un abogado de derecho civil de confianza es un salvavidas importante. Se trata de un profesional polifacético que nos podrá ayudar en estas ocasiones entre otras:

- Impago del alquiler
- Problemas con las reformas
- Problemas con permisos y licencias
- Representación en caso de juicio
- Redacción de los contratos (alquiler, reforma...)

En relación con el impago de alquiler comentaba antes que el seguro ofrece este servicio jurídico, pero quizás si tienes un buen abogado puedes optar por no usar el seguro y gestionarlo directamente con tu contacto. En definitiva hay varias formas de gestionar todos los aspectos del negocio, pero cuanto mejor asesorado estés más posibilidades de éxito tendrás.

5. SUBASTAS JUDICIALES

Inmuebles de subastas judiciales

En este capítulo me centraré más en los riesgos que en los beneficios de este tipo de adquisiciones. Y lo quiero hacer principalmente para prevenir alguna desgracia irreparable, aún sin ánimo de frenar a nadie del uso de esta opción con alto rendimiento para los profesionales.

Es como el *efecto Decathlon* en la montaña, el acceso a material deportivo ha incrementado el número de excursionistas novatos y con ello los accidentes. En el mundo de las subastas judiciales pasa algo similar, desde la puesta en servicio de las subastas electrónicas en 2015.

Antiguamente era un negocio exclusivo de los subasteros profesionales, y aunque los sistemas remotos junto con la reducción del depósito al 5% han democratizado el acceso popular, esto provoca la entrada de no profesionales. Lo que casi nadie explica a estos nuevos usuarios son los riesgos jurídico-económicos de las adjudicaciones ni la ineficacia del sistema.

Quiero ilustrarte con ejemplos reales, porque en lugar de basarme en riesgos hipotéticos voy a hacerlo en hechos contrastados, para alejar cualquier tipo de duda. Pero antes de entrar en el apartado de riesgos quiero mostrar un poco de análisis estadístico sobre este mercado.

Resumen del proceso de una subasta judicial

Una subasta judicial es una venta pública forzosa de un bien a través del procedimiento judicial, definido en la Ley de Enjuiciamiento Civil, a petición de un tercero (ejecutante) el cual reclama una deuda reconocida judicialmente.

El bien sale a subasta publicado en el BOE y se le notifica a la persona embargada (ejecutado). Esta subasta aparece de forma pública en el portal de subastas del BOE y puede tener acceso a ella cualquier ciudadano mayor de edad, dejando como depósito el 5% del valor de tasación del bien (definido por el secretario judicial con los medios que procedan: anotación registral, tasador oficial, precios de mercado...). El anuncio de subasta está accesible para pujar durante una cantidad de días que dependen del tipo de subasta.

Al final del periodo de subasta se adjudica de manera temporal el bien a la puja más alta (mejor postura), por norma general cuando la puja sea por encima del 50% del valor de tasación del bien. El adjudicatario (o adjudicado) dispone de un tiempo (normalmente 40 días) para pagar el importe restante, es el proceso conocido como remate. Durante este tiempo el ejecutado puede presentar un tercero que mejore la puja y por tanto adjudicarse la subasta.

Hasta la aprobación del decreto de remate (adjudicación del bien al adjudicado) el ejecutado puede liquidar la deuda y anular por tanto la subasta.

Análisis estadístico de las subastas judiciales de viviendas

He analizado una muestra amplia de casos de viviendas entre los años 2017 y 2020, que se pueden resumir en la siguiente gráfica. De cada expediente se ha obtenido la tasación inicial, el valor *real* de mercado estimado y el precio de adjudicación.

Muestra de adjudicaciones de subastas judiciales de viviendas

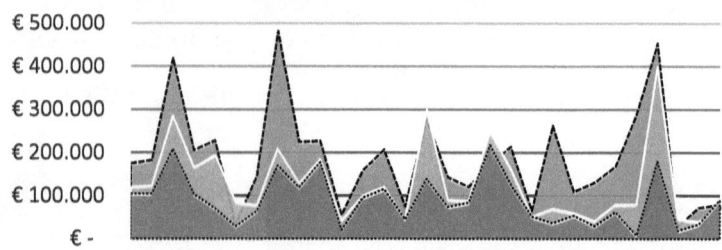

🏠 Tasación ▪ Real 🏠 Adjudicación

Las conclusiones obtenidas son las siguientes:

- La baja promedio ha sido del 45%

- La baja promedio real es del 25% si comparamos con el valor de mercado

- Lo anterior nos lleva a concluir que los juzgados inflan las tasaciones en un 85% de casos

- Un 7% de los casos se han adjudicado por encima del valor de tasación

- La distribución de los acreedores es la siguiente:

  - Particulares 3%

  - Financieras 7%

  - Entidades bancarias 90%

Como puedes ver la baja real promedio es del 25%, por lo que no se trata de ningún superchollo, pues quizás es más fácil que encuentres una vivienda bien de precio proveniente de una dación en pago o de una herencia. En el caso de existir alguna ganga no te preocupes que el subastero profesional ya estará pendiente de ella, y pujará por ganar e incluso provocará la quiebra de la puja.

Esto no quita que puedan surgir oportunidades puntuales, pues los profesionales remarcan que sus rentabilidades promedio son entre el 25 y el 40% de manera habitual, pero insisten en que no siempre lo consiguen en todas las subastas y nunca pujan por un rendimiento por debajo de estos umbrales.

Condiciones generales de las subastas judiciales

Las subastas judiciales se rigen por la Ley de Enjuiciamiento Civil. Y las características principales las podemos resumir en:

- Se debe consignar un 5% como depósito para participar

- Si adjudicación > 50% valor: se aprueba el remate a favor del mejor postor

• El remate se ha de consignar dentro de los 40 días posteriores (en la mayoría de los casos)

• Si mejor postura < 50% el ejecutado puede presentar a un tercero que puje

- Por encima del 50%, o bien
- Que salde la deuda del ejecutante

• En cualquier momento anterior al remate el ejecutado puede saldar la deuda y anular la subasta

• Si ninguno de los adjudicados presenta el remate pierden el depósito y quiebra la subasta

Como detalle indicar que en el momento de participar hay que indicar si se quiere dejar el depósito en reserva o no, esto significa que si el ganador no procede al remate el siguiente en la puja resultaría el adjudicatario, solo en el caso que el depósito se dejara en reserva. Este no es un tema baladí, pues hay quien se dedica a quebrar la subasta expresamente para posteriormente adjudicársela a mejor precio a través de un tercero, por ello nuestra reserva puede ayudar a bloquear esta estafa. Por otro lado tenemos el riesgo de que el proceso judicial se retrase y tengamos la reserva bloqueada por un largo periodo (pudiendo ser varios años).

Acceso a las subastas judiciales

El acceso a las subastas es sumamente sencillo, basta con registrarse o acceder mediante certificado digital o Plataforma Cl@ve al Portal de Subastas del BOE.

5 SUBASTAS JUDICIALES

Acceso de usuarios registrados

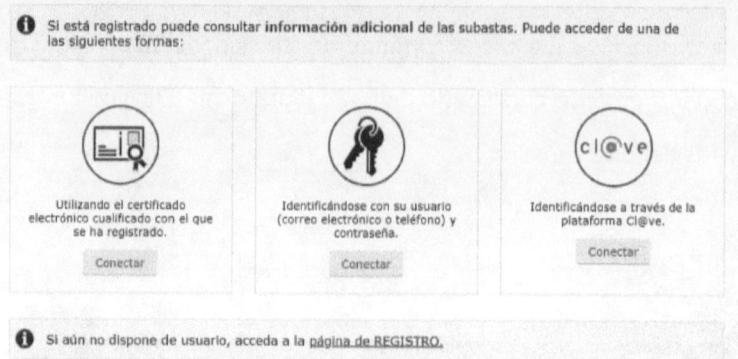

Si está registrado puede consultar **información adicional** de las subastas. Puede acceder de una de las siguientes formas:

Utilizando el certificado electrónico cualificado con el que se ha registrado.	Identificándose con su usuario (correo electrónico o teléfono) y contraseña.	Identificándose a través de la plataforma Cl@ve.
Conectar	Conectar	Conectar

Si aún no dispone de usuario, acceda a la página de REGISTRO.

Para consultar las subastas no es preciso registrarse, esto es solo para acceder a la puja o consultar la documentación anexa (edictos, tasaciones, certificados del Registro de la Propiedad...). En definitiva al acceso es simplemente restringido a la documentación confidencial afectada por el RGDP.

Pasos y trámites de una subasta judicial

De manera esquemática estos son los pasos habituales del procedimiento:

- Ingreso de depósito
- Acta de subasta
- Decreto de remate
- Decreto de adjudicación
- Solicitud de cancelación de cargas registrales
- Testimonio del decreto de adjudicación
- Liquidación de impuestos

- Presentación del testimonio del decreto en el Ayuntamiento (IBI…)

- ITPAJD en la hacienda autonómica

- Modelo 600 con el mandamiento de cancelación (indicar "exento")

- Legitimación de firma ante notario registrador haciendo constar la ausencia de inquilinos.

- Solicitud de posesión y lanzamiento de la finca (hay un año para solicitarlo)

- Por último lo habitual es formalizar la titularidad en el Registro de la Propiedad

Se recomienda entregar la declaración de la plusvalía al Ayuntamiento, aunque el abono de esta corresponde al ejecutado. Esto simplemente se recomienda porque no se espera que el ejecutado sea tan proactivo después de la subasta como para ir al Ayuntamiento a liquidar este impuesto.

Documentación precisa para liquidar ITPAJD

- Impreso de Hacienda, modelo 601 con el sello bancario de haber realizado el pago.

- Mandamientos de cancelación original con el sello de Hacienda (posteriormente hay que llevar el documento al Registro)

- Fotocopia del NIF o CIF del adjudicatario

● Fotocopia del Testimonio de adjudicación

> **Las subastas judiciales pueden ser una oportunidad, pero no entres en ellas sin asesoramiento profesional**

Riesgos de las subastas judiciales

Liquidez

No es una norma escrita, pero este mercado es solo para los que tienen el *cash* a punto. No esperes adjudicarte una subasta y que algún banco te conceda un préstamo durante el corto periodo habilitado para el remate, eso en muy raras ocasiones funciona.

Dicho de otra manera, hacer el depósito del 5% y resultar adjudicatario esperando a que un tercero te financie es una operación de riesgo, y además en tiempo récord lo podemos calificar de temeridad. Y digo operación de riesgo porque los bancos conocen los potenciales problemas del procedimiento.

Defectos de forma

Una falta en tiempo o forma en la notificación de la subasta al ejecutado es suficiente para invalidar la misma, inclusive años más tarde.

Ojo con esto, pues se dan casos en los que tras la ejecución hipotecaria la entidad bancaria acreedora vende el inmueble dentro de un paquete que engloba varios bienes a un fondo de inversión. Puede llegar un particular más tarde y comprar esta vivienda ejecutada directamente al fondo y que posteriormente se dictamine que la subasta fue nula.

En este ejemplo concreto ya estaríamos fuera del procedimiento habitual de subasta, pero la consecuencia es la misma.

Un caso parecido sería que te adjudicaras directamente esta puja y que el defecto de forma se viera posteriormente. Quizás ya hayas incluso revendido el inmueble, entonces no te tocará otra que revertir la operación.

Tercería de dominio

Este es el caso en el que un bien embargado en realidad no pertenece al ejecutado sino a un tercero. Es decir, se trata de un procedimiento definido en la Ley de Enjuiciamiento Civil (artículo 595) para que el titular de un bien pueda impugnar el embargo del mismo por un tercero.

Se han dado casos en los que la titularidad se ha aclarado posteriormente a la adjudicación en subasta del bien.

La resolución es la misma que en el caso anterior, se debe anular la adjudicación y registros posteriores. Esto es especialmente grave cuando el adjudicatario ha invertido alguna suma importante de dinero en reformar el bien, pues aparentemente ya puede dar ese importe por perdido.

Anterior propietario en riesgo de exclusión social

Con la entrada en vigor de la Ley 1/2013 se estableció que en el caso de que sea el banco acreedor el adjudicatario de la subasta, si el deudor acredita estar en riesgo de exclusión social no podrá ser desalojado. Por el momento están suspendido los lanzamientos hasta mayo de 2024 en estos casos.

Este riesgo atañe mucho más allá de las subastas judiciales, pues si has comprado directamente un piso embargado a una entidad bancaria te afecta, así que asegúrate que la vivienda está vacía, y revisa el expediente de la subasta. Si acabas comprando y te aplica la Ley 1/2013 habrás comprado la nuda propiedad a efectos prácticos, es decir serás propietario (nudo propietario) pero no usufructuario. A modo aclaratorio remarco que la plena titularidad de un bien (pleno dominio) se divide en:

- Nuda Propiedad: Titularidad del bien
- Usufructo: Derecho de uso del bien

Casos contemplados por la legislación como riesgo de exclusión social:

- Mayores de 60 años

- Familias numerosas

- Familias monoparentales con hijos a cargo o con un hijo menor de edad

- Familias con un miembro con discapacidad igual o superior al 33%

- Familias con un miembro en situación de dependencia

- Familias con un miembro con enfermedad que le incapacite para la actividad laboral

- Deudor hipotecario en situación de desempleo

- Familias en las que exista una víctima de violencia de género

Como recomendación general te diría que no entrases en subastas donde el antiguo propietario siga residiendo en el inmueble embargado.

Entrega de la posesión

Debemos distinguir entre el embargo y la entrega de la posesión. Es decir, que un bien esté embargado no significa que esté retirada la posesión de su titular actual. Únicamente el juzgado puede conceder la posesión (una vez rematada la subasta).

Y seguramente pensarás, ¿y en que me afecta esto?, pues te afecta principalmente en aquellas subastas organizadas fuera de los juzgados, como son las de Hacienda y la Seguridad Social, y especialmente a los bienes muebles.

En este aspecto hay que tener especial cuidado en el caso de los vehículos, pues si no están en el depositario judicial podrían estar en circulación por el actual propietario o un tercero. Este problema se puede prolongar incluso una vez adjudicado el bien en subasta.

Plazos de remate distintos a lo establecido en la LEC

Hay algunas subastas que no se rigen por el artículo 670 de la LEC y por tanto las condiciones pueden ser distintas. Esto se da por ejemplo en las subastas para la división de la cosa común, donde las condiciones se pueden pactar entre las partes. Y por tanto se pueden modificar los plazos establecidos para abonar el precio del remate. Si bien esto debe estar indicado tanto en el Edicto de la subasta como en el Decreto de remate es fácil que a alguien se la pase por alto al estar acostumbrado a los tradicionales 40 días.

Interpretación del orden de cargas e inscripciones y otros derechos

La correcta interpretación de la cronología de las cargas e inscripciones es algo vital, si bien es una tarea relativamente sencilla hay ciertas excepciones que si no se conocen pueden llevar a la ruina al subastero.

1r peligro: El concepto principal es que la ejecución de la subasta anula la carga objeto de la subasta y las posteriores inscripciones. Esto significa que de saque el adjudicatario se hará cargo de todas las cargas anteriores.

2º peligro: El gran riesgo *oculto* son las cargas con mismo rango registral, algo que sucede de vez en cuando con las hipotecas. Esto se suele dar cuando se rehipoteca un inmueble por segunda vez con la misma entidad bancaria. En este caso el requisito suele ser que ambas hipotecas tengan mismo rango registral, y por tanto los mismos derechos, lo que a efectos prácticos es como si ambas se hubieran registrado el mismo día a la misma hora, cayendo pues la última hipoteca de la clasificación como carga posterior, y por tanto siendo una deuda a asumir por el postor.

3r peligro: Los derechos reales. Estos son las cuotas de la Comunidad de Vecinos y el IBI del Ayuntamiento entre otros. Estas deudas pendientes tienen derecho a ser abonadas (cada una por su período aplicable) aun no estando registradas. Por tanto, si resultas adjudicatario deberás saldar estas deudas, aun no apareciendo en el expediente ni en la certificación registral.

De acuerdo con el artículo 78 de la Ley General Tributaria, la Administración puede exigir al nuevo propietario los IBIs impagados del año en curso y del anterior. Además, según el artículo 64 de la Ley Reguladora de las Haciendas Locales, los Ayuntamientos pueden exigir el IBI de los ejercicios que no se encuentren prescritos por no haber transcurrido los 4 años establecidos en la ley para su prescripción, siempre que hayan inscrito su derecho de afección en el Registro de la Propiedad, previa declaración de insolvencia y fallido del deudor principal (es decir, el anterior propietario). Por otro lado, acorde al artículo 9.1, apartado e) de la Ley de la Propiedad Horizontal, el nuevo propietario de un inmueble responde de las cantidades adeudadas a la comunidad de propietarios por los anteriores titulares de los importes pendientes durante el ejercicio vigente y los tres años anteriores naturales.

Estos son algunos de los riesgos más habituales, pero te aseguro que hay unos cuantos más. Una vez que ya te has introducido en los principios generales y riesgos de las subastas te recomiendo que te asesores y formes adecuadamente antes de adentrarte en este interesante sector. Tal y como hemos visto, si bien las rentabilidades en ocasiones son muy buenas no se puede entrar a ciegas.

La conclusión final del capítulo es que antes de acceder a este sector te asesores y te formes de manera adecuada.

6. OTRAS FORMAS DE INVERSIÓN INMOBILIARIA

Entidades dedicadas al arrendamiento de viviendas

Las sociedades con una cartera de 8 o más inmuebles destinados al arrendamiento disponen de unas ventajas fiscales notables que seguidamente se expondrán. Esto está regulado por los artículos 5, 21, 48 y 49 de la Ley 27/2014 del Impuesto de Sociedades.

Bonificación del 40%

La principal ventaja de estas sociedades es la de la bonificación del 40% de los beneficios de las rentas obtenidas por los alquileres. De los ingresos se deducirán los gastos directos deducibles de cada inmueble y la parte proporcional de los gastos generales.

Requisitos a cumplir

A tenor de los artículos 5 y 48 de la mencionada ley los requisitos a cumplir son los siguientes:

- Nº de viviendas arrendadas u ofrecidas igual o superior a 8
- El arrendamiento de viviendas ha de ser la actividad económica principal (al menos el 55% de las rentas)
- La contabilidad de cada inmueble ha de ser por separado
- Comunicación de este régimen a la Agencia Tributaria

• Los inmuebles arrendados deben ser ofrecidos o arrendados por un mínimo de 3 años

• Tener un empleado a jornada completa para gestionar los inmuebles

Cuidado con este último punto, pues el fisco solicita que se justifique la necesidad de un empleado a tiempo completo para la gestión de los inmuebles que disponga la sociedad.

No se considera el alquiler turístico como objeto de este tipo de régimen, pues no cumple las condiciones de arrendamiento de vivienda definido en el artículo 2.1 de la LAU.

Hay empresas que ofrecen una gestión integral de los inmuebles, y ello podría ser sustitutivo del empleado a tiempo completo definido en el artículo 5.1 de la Ley del Impuesto de Sociedades, pero en cualquier caso se ha de justificar la jornada completa para la gestión de tu cartera inmobiliaria.

Habrás podido deducir que este régimen es una opción muy interesante y que por tanto es algo que debes tener en cuenta a la hora de planificar tu patrimonio. Porque debes tener en cuenta que la ley habla de 8 inmuebles, pero no determina el valor de estos, por tanto con un patrimonio relativamente moderado, construido a través de los años, puedes generar una base suficiente para acogerte a estas condiciones favorables.

Este régimen no penaliza la compra-venta, simplemente prioriza el alquiler como base de negocio, por tanto puedes usar la estrategia mixta de alquiler y vender según convenga.

Si tienes 8 o más viviendas ya estás en la liga de los grandes

---

Crowdfunding inmobiliario

En los últimos años han crecido las plataformas *crowdfunding* de préstamos online, conocidas como *crowdfunding, crowdlending* o *P2P* (*peer-to-peer*).

Se trata de préstamos o participaciones que los particulares pueden hacer sobre proyectos directamente con los promotores de estos gracias a las plataformas online. Permiten hacer inversiones normalmente desde los 50€ y ofrecen rentabilidades que van del 7 al 20% (siendo este umbral máximo la excepción).

Porqué existen las plataformas P2P

La principal duda que nos puede surgir es por qué una empresa se interesa por el *crowdfunding*, cuando este le cuesta bastante más que un préstamo bancario.

Este último ronda el 9-12%, mientras que en un P2P vamos fácilmente a un 17% (10% para inversor por ejemplo, más un 7% para la plataforma).

Aquí tenemos la explicación:

Ratios de deuda

Estas plataformas *crowdfunding* nacen como necesidad de financiación principalmente para pymes, las cuales están sujetas a las estrictas reglas bancarias. Muchas veces estas pymes son solventes, pero no pueden acceder a más financiación por ratios de deuda.

No computa como deuda

Precisamente los préstamos mediante *crowdfunding* no computan a efectos de CIRBE. Esta es quizás la principal razón por la que las pymes se adhieren a estos programas, junto con la posibilidad que les hayan rechazado un préstamo en el banco.

Ventajas para el inversor

ROCE

La principal ventaja es el ROCE obtenido. Estamos hablando de rentabilidades del 7 al 20%, aunque personalmente no recomiendo apostar por ninguna que supere los 14 puntos.

Plataformas reguladas

Se debe participar solo en aquellas plataformas reconocidas por la CNMV, de esta manera tenemos la garantía de su supervisión.

Pequeñas inversiones

La mayoría de plataformas *crowdfunding* nos permiten acceder a la financiación desde 50€ mediante sus pasarelas de pago. Aunque personalmente considero que no merece la pena entrar a ello por debajo de 1.000€ (simplemente por optimización de tiempo).

Operación ante notario

Muchas operaciones reconocen la deuda ante notario, lo que nos da cierta seguridad jurídica.

Ingreso pasivo

Realmente es una inversión pasiva que no requiere más que del análisis inicial del proyecto en cuestión.

Si se produce alguna demora o cambio de las condiciones pactadas sí que hay una asamblea telemática, pero no te llevará mucho tiempo, se traduce en una votación a distancia.

Interés compuesto

En estas plataformas es muy sencillo reinvertir el dinero sin tener que andar haciendo transferencias constantemente.

Tipos de plataformas

Por sector

Otras

Tenemos plataformas que se dedican a energías renovables, otras ayudan a pequeñas empresas, otras al sector industrial.

Crowdfunding inmobiliario

Personalmente me gustan las de *crowdfunding* inmobiliario. Básicamente porque entiendo el negocio, buscan viviendas antiguas o locales en capitales, los reforman, tramitan el cambio de uso (para el caso de locales) y han conseguido duplicar el precio por metro cuadrado inicial. Vamos, el sector de reformas de toda la vida pero enfocado estratégicamente.

Aparte de que todo queda registrado formalmente (notario, registro de la propiedad...). Como las reformas son en plazos inferiores a un año normalmente nos da tiempo a prever cualquier problema en el sector.

Normalmente las reformas tardan entre 1 y 4 meses, estimando el tiempo de venta en 5 meses más y un mes adicional de papeleo. Las operaciones suelen anunciarse por periodos de 10 a 13 meses, pero es muy habitual que finalmente se reduzcan los plazos al encontrar una venta anticipada.

Busca el historial de las promotoras y constructoras que hay detrás de los proyectos, en muchos casos son empresas con bastante experiencia y solvencia financiera. Revisa también los ratios de precio por metro cuadrado de compra y futura venta para ver si son razonables.

Personalmente me gustan las operaciones en capitales que solo implican la venta de un inmueble con retornos entre el 10 y el 12% con duración inferior a 12 meses e inversión captada entre los 120.000 y los 300.000€. Esto es así porque vemos un retorno bueno pero no disparado, un plazo asequible y una sola operación de venta. Imaginemos que tenemos un edificio en el que nos salen 4 apartamentos, hasta que no se venda el último no se puede retornar la totalidad del préstamo a los inversores.

Quiero abstenerme de dar recomendaciones de ningún tipo de plataforma, pero como consejo general antes de entrar en ninguna revisa la solvencia de todas las partes involucradas y de si existe una plataforma de afectados. El ratio promedio de morosidad en estas plataformas está por debajo del 2%, así que ten esto en cuenta a la hora de diversificar riesgos.

Mis resultados con *crowdfunding* inmobiliario

Los resultados en cifras han sido los siguientes:

- TIR esperada promedio de los proyectos: 10,09%
- TIR resultante final promedio: 15,23%

• Promedio de tiempo: 11,3 meses

En términos generales los proyectos suelen adelantarse algo y esto hace mejorar la TIR final. El rendimiento mencionado es el del prestamista, no el propio del proyecto que es bastante superior. Cabe decir que no todos los proyectos han cumplido el programa estimado y algunos se han dilatado más en el tiempo, esto ya está incorporado en los promedios mencionados.

Como puedes ver es un mercado muy interesante y en mi caso lo tomo como referencia de coste de oportunidad. Es decir, cualquier inversión activa que me plantee debe estar por encima de ese 10% de rendimiento anual teórico que me dan estos proyectos.

Respecto a los proyectos que han tenido problemas, mayoritariamente de retrasos muy notables en la venta del inmueble y por tanto del retorno de la inversión, quisiera comentar algunos detalles.

Para empezar el sistema de asamblea es pésimo, resumiéndose en dar un voto online a alguna de las opciones prefijadas, que astutamente han sido propuestas por el promotor para que todo el mundo vote la única opción que tenga mínimamente sentido para el inversor. Estas asambleas se organizan por la plataforma de inversión cuando el promotor no es capaz de cumplir sus obligaciones contractuales, bien por sobrecoste en construcción, bien porque no encuentra comprador o bien porque se dilata la operación en el tiempo.

También me he planteado emprender acciones jurídicas, pero si las tomas de manera independiente de los servicios que ofrece la plataforma de inversión (y estos solo se activan en casos ya muy graves) no tienen sentido por las costas judiciales. Por lo que he llegado a la conclusión de que no conviene invertir más de 2.000€ incluyendo principal e intereses, ya que para cuantías reclamadas por debajo de este umbral tienes acceso a un juicio verbal sin costas (Ley de Enjuiciamiento Civil).

Un aspecto que me parece interesante de los contratos tipo *crowdfunding* es que en ocasiones se incluye una cláusula por la cual el promotor no puede repartir dividendos entre su accionariado mientras deba importe alguno. Algo que te recomiendo es que te fijes si aparece en el contrato. Esto es importante porque la empresa tendrá sus beneficios empresariales "bloqueados" hasta que resuelva el proyecto y por tanto nos da garantías de que buscará resolución del mismo. En la práctica lo que acaban haciendo es llevarse los beneficios a reservas voluntarias, pero en cualquier modo un proyecto inacabado es sin duda una piedra en el zapato para las promotoras.

Puedes comprobar tú mismo si la empresa ha repartido o no dividendos solicitando online (previo pago) las cuentas anuales en el Registro Mercantil. También puedes solicitar a la plataforma de inversión que te mande copia del impuesto de Sociedades (Modelo 200 de la Agencia Tributaria) que a efectos prácticos te vale para comprobar los resultados anuales y su distribución.

Ejemplo de operación *crowdfunding* inmobiliario en reforma residencial

Costes	
Compra del inmueble	-€210.000
Reforma	-€42.000
IBI + Comunidad de vecinos	-€5.500
ITP	-€21.000
Notaría, Registro	-€1.000
Certificado energético y tasación	-€1.000
API	-€3.000
Costes financieros	-€14.000
Contingencia	-€3.000
Total Costes	-€300.500
Ingresos	
Venta del inmueble	€350.000
Resutados	
Beneficio bruto	€49.500
TIR proyecto	16,47%
TIR prevista inversor	10,04%

Por tipo de préstamo

Crowdlending o préstamo participativo

Básicamente estamos haciendo de prestamistas a la antigua usanza. Tenemos un tipo de interés y un plazo fijo (algo más bajo que en el caso del *crowdfunding*) y suelen abonar intereses de demora.

Crowdfunding

Aquí estamos participando como socios del proyecto. Nos abonarán un tipo de interés más alto que en el caso anterior, pero no sabemos exactamente cuándo se producirá el reembolso, puede ser antes o después de la fecha prevista, y hay casos en que los retrasos no conllevan intereses de demora o son bajos.

En caso de que salga algo mal en el proyecto (retrasos, sobrecostes...), se realiza una asamblea (suele ser online) para decidir la mejor solución entre todos (de manera ponderada a la inversión). Es decir, si por ejemplo se consigue vender el inmueble quizás hay que pactar una rebaja del precio objetivo.

> **El *crowdfunding* inmobiliario es una buena opción a corto plazo para sacar rendimiento a nuestra tesorería**

Tips

- Invierte en aquello que conozcas.
- Busca plataformas habilitadas por la CNMV. No es garantía de que la inversión salga bien, pero al menos nos quedamos tranquilos de saber que no es un chiringuito financiero.
- Diversifica tus inversiones, en distintas plataformas y en distintos proyectos y promotores.

● Define tu rendimiento objetivo y no inviertas en proyectos por debajo de él. Yo por ejemplo no invierto por debajo del 10% TAE. Para obtener rendimientos inferiores prefiero acciones de mercados cotizados. Piensa que es una lucha de oferta y demanda, en los proyectos inmobiliarios empezaron ofreciendo en torno al 14% y ahora cuesta encontrar ofertas por encima del 10%.

● Con los rendimientos mencionados del 10%, con 10 operaciones que salgan bien ya te puedes permitir que quiebre un proyecto y no te arruinarías. Piensa que estos proyectos suelen tener un ratio de quiebras por debajo del 2%.

● No inviertas más de 2.000€ por proyecto, intereses incluidos (para facilitar la reclamación judicial a bajo coste vía proceso monitorio).

● Revisa el historial de cada promotor: antigüedad, resultados de otros proyectos, cuentas anuales...

● Revisa si en el contrato el promotor tiene el reparto de dividendos bloqueados.

● Analiza con detenimiento el plan financiero de cada proyecto*

*He visto proyectos del sector industrial que a pesar de estar muy bien anunciados y prometer estar garantizados, cuando analizas el plan financiero (¡si es que existe!) te das cuenta de la realidad. Hay casos en que usan los préstamos para financiar su propia deuda, efectuando un sistema *revolving* de pago de deuda que podemos calificar de estafa piramidal.

7. FISCALIDAD

Fiscalidad en la venta de un inmueble

Este apartado ha sido anteriormente explicado en el capítulo destinado a los gastos en la compra de un inmueble, pero por motivos organizativos y de importancia se le ha querido dedicar un apartado específico. Recuerda que hablamos de fiscalidad en España.

Plusvalía municipal

Este impuesto se liquida en el Ayuntamiento donde se ubica el inmueble vendido dentro de un plazo de 30 días desde la fecha de la venta. También es conocido como Impuesto sobre el Incremento del Valor de los Terrenos de Naturaleza Urbana.

Por norma general este impuesto lo tributa el vendedor de la propiedad, que actúa de sujeto pasivo. Para casos de transmisión gratuita (donación o sucesión) es el adquiriente quien actúa de sujeto pasivo.

Es bastante complicado establecer un importe pues cada caso y cada Ayuntamiento es distinto, en definitiva el impuesto grava la revalorización del suelo. Se tendrá en cuenta el valor del suelo en el momento de la transmisión y del número de años transcurridos desde la adquisición del inmueble. En ningún caso el gravamen puede superar el tipo del 30%. Para que puedas hacerte una idea la horquilla habitual de este impuesto estaría entre los 1.000 y los 10.000€.

En los últimos años ha habido bastante polémica con este gravamen debido a la devaluación de precios por la crisis inmobiliaria. Aún en el caso de que no te corresponda pagar plusvalía (caso que vendas por debajo de su coste de adquisición) lo correcto sería que primero liquides el impuesto, y luego en todo caso recurrirlo e incluso llevarlo a los tribunales si tu asesor jurídico así lo estima.

> **La plusvalía municipal la debemos abonar durante los 30 días posteriores a la venta**

Ganancia patrimonial

El segundo que pone la mano para diezmar tus beneficios es la Agencia Tributaria, en este caso se liquidará en la declaración del IRPF del año en curso, por lo general en la campaña de la renta o mediante el modelo 210 para los no residentes.

En este caso podemos deducir los gastos de notaría y gestoría, el Registro de la Propiedad, los gastos de reforma (si los hubiera), los gastos del agente API (ídem) y los tributos (IVA o ITP y AJD).

Para el caso de un residente español los tramos de tributación serían los siguientes:

- 19% para ganancias hasta 6.000€
- 21% para ganancias entre 6.000,01 y 50.000€
- 23% para ganancias superiores a 50.000€

Hay que tener en cuenta que si se han practicado amortizaciones por el valor de construcción (3% anual) estamos obligados a restar estas del importe del valor de compra a la hora de la venta del inmueble para el cálculo del incremento patrimonial, y su impuesto correspondiente. Es decir, como ya hemos amortizado parte del valor de construcción del inmueble debemos restar este beneficio en el cálculo de esta ganancia patrimonial en el momento de la venta.

Exenciones fiscales por la venta de vivienda

Existen una serie de exenciones que no tributan en el IRPF, pero lo que sí es obligado en todos los casos es indicar la operación de venta en la declaración del IRPF correspondiente. Mucho cuidado con esto, pues Hacienda actúa duramente en caso de inspección y penaliza aun estando exento de tributar para los casos no declarados. Las exenciones son:

• Mayores de 65 años que vendan su vivienda habitual.

• Mayores de 65 años que vendan un inmueble que no sea la residencia habitual y destinen las ganancias a una renta vitalicia.

• Reinversión de vivienda habitual: En este caso se dispone de hasta 2 años para ejercer la reinversión, indicándolo eso sí en los epígrafes G2 y G5 de la declaración de la renta. Destacar que la reinversión debe el total del importe adquirido en la venta, si solo se reinvierte de forma parcial el fisco calculará la parte proporcional del beneficio reinvertido.

Fiscalidad en alquileres de bienes inmuebles

Las rentas que se obtengan del alquiler de un inmueble deben incluirse en la declaración del IRPF (declaración de la renta), bien por rendimientos del capital inmobiliario o por el contrario como rendimientos de actividad económica, según el caso, como veremos seguidamente.

Una vez formalizado el contrato de alquiler debes depositar la fianza en el organismo competente de la Comunidad Autónoma (Cámara de la Propiedad, Agencia de Vivienda y Rehabilitación, Agencia de Vivienda Social, Diputación General, Zuzenean, Instituto de la Vivienda, etc.). La fianza no puede ser de más de 2 meses (RDL 7/2019), aunque puedes hacer un contrato por más de 5 años y entonces solicitar más garantías (depósito mayor).

En el caso en el que existan varios propietarios, cada uno tributará por el porcentaje de propiedad correspondiente.

Por si lo desconocías, sobre una propiedad existen dos derechos, el de nuda propiedad y el de usufructo. El primero corresponde al titular o propietario del bien y el segundo corresponde a quien tenga la posesión del bien. Este caso se puede dar cuando por ejemplo se hereda una propiedad pero el derecho a vivir en ella lo ostenta otra persona, por ejemplo la viuda o viudo del fallecido. Un ejemplo similar sería una donación en vida, imagina que tu padre te dona su inmueble pero quiere mantener el derecho a vivir en este (usufructo).

Pues bien, si es el usufructuario quien se beneficia del rendimiento del alquiler será este el obligado a declarar los ingresos, quedando exento el nudo propietario.

Arrendamiento tradicional de inmueble a un particular

Hablamos del alquiler a largo plazo (varios años de duración) regido por la Ley de Arrendamientos Urbanos. Estos rendimientos tributan en el IRPF como rendimientos de capital inmobiliario y tenemos derecho a deducirnos un 60% del rendimiento neto.

> **El alquiler de vivienda habitual tiene importantes ventajas fiscales**

Si junto a la vivienda se alquila una plaza de garaje, trastero o cualquier otra estancia aneja incluida en el contrato de alquiler se incluirá en la misma declaración. Se debe indicar el uso como *Arrendamiento como inmueble accesorio* y no se indicarán importes pues ya los incluimos en la vivienda principal.

Ingresos

Tendremos en cuenta los ingresos por el alquiler, pero también podríamos tener otro tipos de ingresos, como publicidad por carteles en la azotea gestionados por la comunidad de propietarios, alquiler de locales propiedad de la comunidad o el alquiler del apartamento del antiguo portero.

Gastos deducibles sujetos a limitación

Se trata de los gastos necesarios para la obtención de los ingresos por alquiler.

Se caracterizan porque no se pueden deducir las cantidades que superen los ingresos por alquiler.

Los gastos no deducidos en la declaración en curso se podrán deducir durante los 4 siguientes años sin que excedan junto con los gastos del año declarado por los ingresos por alquiler.

Sin ser un listado exhaustivo podemos resumirlos en:

Gastos de conservación y reparación

Son aquellos gastos de mantenimiento incurridos para mantener el normal uso de la vivienda. Incorporaríamos aquí la reparación o sustitución de cualquier elemento (lavadora, puerta, aire acondicionado, caldera, persiana...) así como los gastos de mantenimiento (por ejemplo un repintado).

En este capítulo no se pueden incorporar los gastos para reforma o mejora del inmueble, este tipo de gasto se deducirá a través de las amortizaciones que veremos seguidamente.

Intereses y otros gastos de financiación

Serán deducibles los intereses de la hipoteca así como el de otros préstamos relacionados con el inmueble, como por ejemplo la financiación de electrodomésticos. También podremos incorporar otro tipo de comisiones relacionadas con la financiación, como la comisión de apertura por ejemplo.

Gastos deducibles sin limitación

Se trata de gastos que pueden superar el importe de los ingresos por alquiler, declarando así un rendimiento negativo.

Tasas y tributos

Incluiríamos el IBI y cualquier otra tasa relacionada. La Ley de Arrendamientos Urbanos dice que la tasa de recogida de basuras va a cargo del inquilino, pero en el caso de que fuera el propietario quien se hace cargo también se podría deducir.

Comunidad de Vecinos

Los recibos de la comunidad de vecinos y las derramas son deducibles.

Servicios de terceros

Podemos incorporar en este capítulo gastos como jardinería, vigilancia, administración y otros.

Seguros

Los seguros típicos son el seguro del hogar (incendio, robo, RC...) y el seguro de impagos del alquiler (que normalmente cubre también la defensa jurídica).

Gastos por servicios jurídicos

Se pueden incorporar tanto los gastos por la formalización del contrato de alquiler (API, abogado...) como los gastos de defensa jurídica y los costas procesales.

Servicios y suministros a cargo del propietario

En el caso de que el propietario pague los servicios de agua, gas, electricidad o internet.

Saldos de dudoso cobro

En caso de impago se puede deducir el saldo pendiente si el moroso se halla en situación de concurso o bien si han transcurrido más de 6 meses.

Amortización de bienes muebles

Para el caso en el que alquilemos la vivienda con muebles o simplemente para deducirnos los electrodomésticos siempre y cuando sean susceptibles de uso por más de un año.

Se podrá deducir un 10% anual sobre el importe de adquisición durante un máximo de 10 años.

Amortización del inmueble

Este es el gran desconocido de los gastos deducibles, y quizás sea el más importante por importe. Será el 3% del mayor de estos valores de la construcción (no del suelo):

- Valor catastral
- Coste de adquisición (incluyendo gastos y tributos)

Normalmente el coste de adquisición es mayor al valor catastral.

Para calcular el porcentaje de valor de construcción y valor del suelo lo más sencillo es usar como referencia el recibo del IBI. Calculamos los porcentajes resultantes y lo aplicamos.

Valor catastral= valor del suelo + valor de construcción

Por lo que calcularemos el valor de construcción como:

Valor de construcción = Valor catastral – valor del suelo

Y por tanto posteriormente deduciremos el % con esta división:

% Valor de construcción = (Valor de construcción / Valor catastral) x100

Recuerda que vimos en el ejemplo práctico de la declaración de la renta como se aplicaba este concepto. Puedes consultar los gastos deducibles y las reducciones en la Agencia Tributaria.

¿Y si el inmueble ha estado algún periodo sin arrendar?

En este caso tendremos que calcular los días en que el inmueble ha estado arrendado y aplicar el prorrateo de los gastos deducibles anteriormente mencionados.

En la declaración de la renta Hacienda nos grava la revalorización del inmueble siempre y cuando no esté sujeto a actividad económica. En el caso que seas no residente y por tanto te corresponda liquidar el modelo 210, si has tenido el inmueble vacío por algún tiempo debes liquidar al tipo del 19% para UE, Islandia y Noruega o al 24% para el resto:

- el 2% del valor catastral, o bien,
- el 1,1% del valor catastral si este ha sido revisado en los diez años anteriores

Alquiler de habitaciones entre particulares

A tenor del artículo 20 de la Ley 37/1992, de 28 de diciembre, del Impuesto sobre el Valor Añadido, esta actividad está exenta de IVA a no ser que se presten servicios de la industria hotelera.

Se tendrá derecho a la reducción del 60% de los beneficios si se formula adecuadamente el contrato para que este sea de larga duración y por tanto destinado a vivienda habitual. Para ello se recomienda un contrato por al menos 3 años que se explicite como uso de vivienda habitual. Esto es una excepción, ya que el caso típico es el regulado por la LAU, por tanto es susceptible a que Hacienda interprete que no amerita la reducción.

No aplica la Ley de Arrendamientos Urbanos, en cambio está regulado por el Código Civil, por ello la duración del contrato será la estipulada entre las partes libremente.

El resto de la fiscalidad es la misma que en el caso del arrendamiento de vivienda antes expuesto (rendimientos íntegros de capital inmobiliario).

Alquiler de locales comerciales, oficinas o viviendas a empresas

En el caso de que alquiles un bien inmueble a una empresa deberás emitir factura con IVA y hacer las declaraciones trimestrales de este. Recuerda que antes de emitir ninguna factura debes estás dado de alta en Hacienda con el modelo 036 (o el 037).

Además, si esto lo haces como particular deberás incluir en la factura el IRPF que te retendrá la empresa arrendataria, y está será quien ingresará este importe retenido a la Agencia Tributaria.

Alquiler de plazas de garaje o trasteros

Personalmente es un tipo de inversión que no me gusta por dos motivos principales, el primero es la fiscalidad y el segundo es la relación tiempo/beneficio. Se trata de bienes que dan pocos ingresos en valor absoluto y que roban tiempo, por lo que prefiero dedicar mis esfuerzos a operaciones que muevan mayor capital.

En la fiscalidad la cosa se complica sobremanera, pues estos arrendamientos están sujetos a retención de IVA, por tanto el arrendador deberá presentar la liquidación trimestral del IVA. Como puedes ver, es una auténtica pérdida de tiempo por el retorno que aplica (en valor absoluto), y además estás sujeto al riesgo de inspecciones por el IVA.

Fiscalidad en el alquiler de apartamentos turísticos

Lo primero a comentar es que hay Comunidades Autónomas donde esta actividad está regulada y municipios donde no se puede explotar este tipo de servicio sin la licencia municipal. Por lo tanto, este es el primer punto que deberías repasar.

Personalmente yo prefiero el alquiler tradicional por los siguientes motivos:

- Es más pasivo, no requiere mi presencia de forma frecuente
- Menor necesidad de gestión (relacionado con el punto anterior)
- Los ingresos son más sostenidos
- Mejor fiscalidad
- No requiere de licencia alguna

Por norma general los ingresos por estos alquileres se considerarán rendimientos del capital inmobiliario; se podría considerar actividad económica, pero para ello ha de haber empleada al menos una personar a jornada completa.

Serán de aplicación los gastos deducibles indicados en el alquiler tradicional (recuerda aplicar el prorrateo aplicable) salvo la aplicación de la reducción del 60% (pues esta es solo para alquiler de vivienda habitual).

En los periodos en que la vivienda no ha estado alquilada se debe tributar por la renta inmobiliaria. Así pues debes computar en la declaración la prorrata correspondiente para el tiempo vacío:

- el 2% del valor catastral, o bien,
- el 1,1% del valor catastral si este ha sido revisado en los diez años anteriores

Veamos ahora como afecta el IVA en todo esto. Por cierto, en el momento en que aplica repercutir el IVA estarás obligado a darte de alta en Hacienda, para ello has de presentar el modelo 036 o el 037.

IVA en el alquiler turístico sin servicios de hospedaje

Si alquilas directamente el inmueble sin pasar por ninguna agencia y no cobras ningún recargo por limpieza, lavandería u otros estarás exento de aplicar el IVA.

IVA en alquileres turísticos con servicios de hospedaje

Son los servicios propios de la industria hotelera (art 20.uno.23º. b.' LIVA) y por tanto se debe cargar un 10% de IVA (para el caso de España). Esto implica una liquidación trimestral del IVA, lo que conlleva más tiempo y mayor gasto de gestor.

IVA en alquileres turísticos a través de una gestora

Si cedes tu vivienda a una empresa gestora debes emitir factura con el 21% del IVA. De nuevo deberás presentar las declaraciones trimestrales de IVA.

Esta cesión puede ser directamente a una gestora que te realiza todo el proceso o bien plataformas tipo Airbnb, Wimdu o Homeaway.

Vimos el capítulo destinado a desarrollar el concepto de los distintos modelos de gestión de los apartamentos turísticos. Describamos ahora qué fiscalidad aplica en cada caso.

Caso 1: El propietario alquila directamente el apartamento turístico

En este supuesto el propietario promociona y gestiona directamente su apartamento turístico, incluyendo la recepción, la facturación y la prestación de servicios.

En este caso propietario y titular de la explotación coinciden (son la misma persona física) y por tanto este es responsable ante el cliente y la Administración de Turismo.

El propietario (y a su vez gestor de la explotación) declara los ingresos por rendimiento del capital inmobiliario en el IRPF (declaración de la renta para el caso de residentes en España). En el caso de no residentes estos declararán los ingresos en el modelo 210 de forma trimestral. Recuerda deducir los gastos de los intereses de la financiación, los gastos de la comunidad de vecinos, IBI, amortización del inmueble y cualquier otra factura relacionada con la gestión.

En ambos casos hay que contabilizar cuantos días ha estado la vivienda vacía para liquidar la plusvalía estatal, que tributará a un tipo del 19% (para residentes en España, Unión Europea, Islandia y Noruega o al 24% para el resto de casos) sobre el 1.1% del valor catastral si este ha sido revisado, en caso contrario sobre el 2%.

El propietario además debe darse de alta en la Agencia Tributaria mediante el modelo 036. IAE epígrafe 861.1: Alquiler de viviendas o bien Grupo 685: Alojamientos turísticos extrahoteleros para el caso en el que se presten servicios complementarios de la industria hotelera.

En el caso de ofrecer servicios complementarios catalogados dentro de la industria hotelera debe facturar un IVA de un 10% por estos. Estos servicios son los de restauración, lavandería, limpieza (durante la estancia) y afines. Esto obligará a la liquidación trimestral del IVA ante el fisco.

Caso 2: El propietario alquila el apartamento turístico a través de un tercero

A través de un contrato de gestión o de explotación se define la prestación de los servicios mediante una empresa (o autónomo) gestora.

La fiscalidad es como la del caso anterior, con ciertos matices. Hay que tener en cuenta que si se ofrecen servicios de la industria hotelera o bien se dispone de un trabajador a jornada completa para gestionar los alquileres, el beneficio pasará a catalogarse como rendimientos de actividades económicas.

La empresa gestora nos facturará sus servicios con el IVA general (21%). Normalmente gestionará también el cobro del cliente, abonándonos la parte que nos corresponda una vez descontada la minuta. La gestora presentará la declaración informativa a través del modelo 179, esto significa que Hacienda tendrá constancia de esta actividad, aun en el caso incorrecto de que no lo estés declarando.

Caso 3: propietario alquila inmueble y el arrendatario lo subarrienda turísticamente

Los ingresos que obtenga el propietario se declararan en el IRPF como rendimientos del capital inmobiliario. Con la obligación de darse de alta en Hacienda mediante el modelo 037 (mismos registros del IAE que los mencionados en el Caso 1).

Además de darse de alta en Hacienda el propietario debe repercutir el IVA al tipo general (21%) y hacer las declaraciones trimestrales, con derecho a la deducción del IVA por las inversiones y gastos del inmueble. Está obligado a presentar las declaraciones trimestrales de IVA, pero puede ahorrarse la anual (modelo 390) si el arrendamiento es la única actividad que implica declaraciones de IVA.

En tu factura deberás retener un porcentaje de tu IRPF que la empresa se encargará de ingresarlo en Hacienda (19% conforme al artículo 101.8 de la LIRPF).

Declaración de la renta – Ejemplo práctico

Inmueble arrendado como vivienda habitual

En nuestro ejemplo tenemos un propietario de una segunda vivienda. La tiene alquilada como vivienda habitual con muebles y los resultados obtenidos han sido:

a.   Ingresos por alquiler: 450€ x 12 meses

b.   Gastos de comunidad: 600€

c.   Seguro vivienda: 285€

d.   Reparación de la caldera: 415€

e.   IBI: 286€

f.   Valor catastral: 45.524€

g.   Importe de compra y gastos (menos valor del suelo): 92.500€

h.   Gastos iniciales muebles: 7.800€

Casillas 61 a 156 en la versión de la renta 2020

Al ser inmueble arrendado para vivienda habitual hay derecho a la deducción por el 60% de los rendimientos. A pesar de ello, veremos que usando bien las deducciones realmente se pagará muy poco en concepto de impuesto.

Inmueble arrendado, subarrendado o cedido a terceros	
Indique si el inmueble ha tenido distintos tipos de rendimientos en el ejercicio en concepto de arrendamiento (Sí / No)	NO
Tipo de rendimiento	1 ▼
Arrendamiento a familiares SI/NO	NO
Ingresos íntegros (*)	5.400,00
Gastos de reparación y conservación e intereses y otros gastos de financiación (*)	
Importe satisfecho en 2018	1.300,00
Importe pendiente de deducir del ejercicio 2014	
Importe pendiente de deducir del ejercicio 2015	
Importe pendiente de deducir del ejercicio 2016	
Importe pendiente de deducir del ejercicio 2017	
Tributos, recargos y tasas	286,00
Saldos de dudoso cobro	
Cantidades devengadas por terceros como consecuencia de servicios personales	
Cantidades destinadas a la amortización de bienes inmuebles	2.775,00
Cantidades destinadas a la amortización de bienes muebles	780,00
Otros gastos fiscalmente deducibles (*)	
Rendimiento neto	259,00
Reducción por arrendamiento de inmuebles destinados a vivienda	155,40
Reducción Rdtos. irregulares art. 23.3 y D.T. 25 de la Ley I.R.P.F.	
Retenciones (*)	
Arrendamiento a familiares. Rendimiento mínimo computable (*)	

Los ingresos han sido 450€x12meses: 5.400€

Las deducciones serían los siguientes gastos necesarios:

- Comunidad de vecinos / gastos de administración

- IBI

- Intereses de la hipoteca y comisiones bancarias

- Seguros vinculados a la hipoteca (hogar, vida…)

- Gastos de mantenimiento y reparación

- 3% del coste adquisición o valor catastral (el mayor de ambos descontando el valor del suelo)

- 10% del mobiliario y electrodomésticos alquilados con el inmueble (amortización durante 10 años)

- Recibos impagados

Hemos pagado 286€ de IBI, esto lo deducimos en el apartado tasas. Las basuras no las hemos incorporado ya que acorde a la LAU las abona el inquilino, si no fuera así las incluimos también.

Hemos deducido 3% la amortización de los bienes inmuebles por el valor de compra más gastos (porque es superior al valor catastral). Esto nos da 3% de 92.500€: 2.775€. Para saber la proporción de valor del inmueble y del valor del suelo podemos consultar el último recibo del IBI o en la sede del catastro.

Por cierto, esta deducción de la amortización del 3% anual tiene el límite del valor del activo, por ello podremos amortizar un máximo de 33,33 años. El segundo aspecto a tener en cuenta es que las amortizaciones nos obligaran a restar estas del importe del valor de compra a la hora de la venta del inmueble para el cálculo del incremento patrimonial, y su impuesto correspondiente. Es decir, como ya hemos amortizado parte del valor de construcción del inmueble debemos restar este beneficio en el cálculo de esta ganancia patrimonial en el momento de la venta.

Hemos deducido un 10% del valor del mobiliario, ya que la propiedad se alquila amueblada. Esto nos da 10% de 7.800€:780€

En gastos de conservación las siguientes cantidades suman el importe de 1.300€

i. Gastos comunidad: 600€

j. Seguro vivienda: 285€

k. Reparación de la caldera: 415€

Aclarar que sobre el rendimiento del alquiler sí que aplica el tipo resultante una vez integrado con el resto de rendimientos, por lo que varía en cada caso particular. El rendimiento neto calculado resultante en el ejemplo es de 259€, que al aplicar la reducción del 60% nos deduce 155,40€ de la base imponible final. Como puedes ver se pagan realmente muy pocos impuestos si el alquiler es para vivienda habitual.

> **El alquiler tradicional de vivienda habitual permite una gran variedad de deducciones que hay que saber aprovechar**

Quisiera aclarar una duda habitual sobre la clasificación de un gasto como reforma o bien como reparación. De manera resumida una reparación o reposición es sobre un elemento previamente existente en el inmueble, algunos ejemplos serían:

- Reparación o reposición de la caldera
- Recarga del AC o renovación de los terminales
- Reparación de una ventana
- Renovación de radiadores
- Reparación o renovación de la lavadora
- Repintado de paredes y techos

Estos gastos se deducirían como gastos de conservación en el año en curso. En cambio, obras de reforma o mejoras de la vivienda como la instalación por primera vez de los toldos, o del AC (por 1ª vez), o el cerramiento de la terraza serían gastos deducibles para ser amortizados cada año.

Reinversión en vivienda habitual

Recordar que en el caso que hayas vendido tu vivienda habitual y todas las ganancias las hayas reinvertido en un nuevo inmueble (destinado a ser tu residencia) tienes el derecho a deducirte todo el beneficio. Pero ojo, no solo es un derecho, es también una obligación declararlo como tal en la declaración del IRPF (declaración de la renta).

Para ello usaremos la sección *F2 Ganancias y pérdidas patrimoniales derivadas de la transmisión de elementos patrimoniales*. Verás que el resultado de los datos introducidos aparecerá posteriormente en el apartado *Integración y compensación de las ganancias y pérdidas patrimoniales*.

El tema es bastante importante a nivel fiscal, por lo que te recomiendo te asesores por un profesional.

Ejemplo del apartado F2 de la declaración de la renta:

F2. Ganancias y pérdidas patrimoniales derivadas de la transmisión de elementos patrimoniales (a integrar en la base imponible del ahorro) (continuación)

Ganancias y pérdidas patrimoniales derivadas de transmisiones de otros elementos patrimoniales

Elemento patrimonial 1 de 1   ● Alta Elemento patrimonial

Titularidad y datos del elemento patrimonial transmitido:

Contribuyente titular del elemento patrimonial transmitido. [1624]

Imputación temporal: opción criterio operaciones a plazos o con precio aplazado. Consigne una "X" [1625] [1626]

Tipo de elemento patrimonial. Clave [1627]

En caso de inmuebles: Situación. Clave [1628]

Referencia catastral 1 [1629]

Referencia catastral 2 [1630]

Referencia catastral 3

Fechas y valores de transmisión y de adquisición:

Fecha de transmisión (día, mes y año) [1631]

Fecha de adquisición (día, mes y año) [1632]

Valor de transmisión [1633]

Valor de transmisión destinado a constituir una renta vitalicia [1634]

Valor de transmisión de la vivienda habitual susceptible de reinversión a efectos de la exención por reinversión en vivienda habitual [1635]

Valor de transmisión susceptible de reducción (D.T. 9.ª) [1636]

8. LEGISLACIÓN APLICABLE

Detalle sobre la principal legislación española que afecta según el caso.

Arrendamiento de vivienda

Ley 29/1994, de 24 de noviembre, de Arrendamientos Urbanos

Real Decreto-Ley 7/2019 de Medidas Urgentes en materia de Vivienda y Alquiler

Ley 35/2006, de 28 de noviembre, del Impuesto sobre la Renta de las Personas Físicas y de modificación parcial de las leyes de los Impuestos sobre Sociedades, sobre la Renta de no Residentes y sobre el Patrimonio

Arrendamiento de habitaciones

Código Civil (RD de 24 de julio de 1989) artículos 1255 y 1546 a 1574 especialmente.

Ley 37/1992, de 28 de diciembre, del Impuesto sobre el Valor Añadido

Ley 35/2006, de 28 de noviembre, del Impuesto sobre la Renta de las Personas Físicas y de modificación parcial de las leyes de los Impuestos sobre Sociedades, sobre la Renta de no Residentes y sobre el Patrimonio

Arrendamiento de apartamento turístico

Código Civil (RD de 24 de julio de 1989) artículos 1255 y 1546 a 1574 especialmente.

Ley 37/1992, de 28 de diciembre, del Impuesto sobre el Valor Añadido

Ley 35/2006, de 28 de noviembre, del Impuesto sobre la Renta de las Personas Físicas y de modificación parcial de las leyes de los Impuestos sobre Sociedades, sobre la Renta de no Residentes y sobre el Patrimonio

Orden HAC/1416/2018, de 28 de diciembre (modelo 037 y 036)

Alquiler plaza de garaje o trastero entre particulares

En el contrato entre particulares afecta el Código Civil (RD de 24 de julio de 1989). Especialmente los artículos 1124, 1542, 1543.

Ley 37/1992, de 28 de diciembre, del Impuesto sobre el Valor Añadido

Ley 35/2006, de 28 de noviembre, del Impuesto sobre la Renta de las Personas Físicas y de modificación parcial de las leyes de los Impuestos sobre Sociedades, sobre la Renta de no Residentes y sobre el Patrimonio

Subastas judiciales

Ley 1/2000, de 7 de enero, de Enjuiciamiento Civil.

Sociedades dedicadas al arrendamiento de viviendas (8 o más inmuebles)

Ley 27/2014 del Impuesto de Sociedades

Ley 37/1992, de 28 de diciembre, del Impuesto sobre el Valor Añadido

Ley 29/1994, de 24 de noviembre, de Arrendamientos Urbanos

Real Decreto-Ley 7/2019 de Medidas Urgentes en materia de Vivienda y Alquiler

Financiación hipotecaria

Ley de Crédito Inmobiliario 5/2019

Ley Hipotecaria - Decreto de 8 de febrero de 1946

Ley 1/2000, de 7 de enero, de Enjuiciamiento Civil.

Contrato de arras

Código Civil Español, artículos 1124, 1152, 1153, 1154 y 1454.

GLOSARIO

API: Agente de la propiedad inmobiliaria

Bróker de seguros: Agente o corredor de seguros

CC: Código Civil

CCAA: Comunidad Autónoma

CF: *Cash flow* o flujo de caja (equivale a la cantidad de efectivo y otros activos líquidos).

CIRBE: Central de Información de Riesgos del Banco de España

CTE: Código Técnico de la Edificación

FIM: Fichero de Inquilinos Morosos

IRPF: Impuesto sobre la Renta de las Personas Físicas

ITP: Impuesto de Transmisiones Patrimoniales

ITPAJD: Impuesto de Transmisiones Patrimoniales y Actos Jurídicos Documentados

IVA: Impuesto sobre el Valor Añadido (o agregado)

Lanzamiento: desahucio

LAU: Ley de Arrendamientos Urbanos

LEC: Ley de Enjuiciamiento Civil

GLOSARIO

LIRPF: Ley 35/2006, de 28 de noviembre, del Impuesto sobre la Renta de las Personas Físicas

LIVA: Ley 37/1992, de 28 de diciembre, del Impuesto sobre el Valor Añadido

Nuda propiedad: Titularidad de un bien excluyendo su uso, que recae en el usufructuario

Payback: periodo de tiempo para recuperar la inversión inicial

PER: relación precio/beneficio (*price earning ratio*)

PIB: Producto Interior Bruto

RGDP: Reglamento General de Protección de Datos

ROCE: Retorno de la inversión propia (*return on capital employed*)

SPA: Servicio de Prevención Ajeno

TIR: Tasa Interna de Retorno

Usufructo: Derecho de poder usar los bienes de otra persona.

VAN: Valor Actual Neto

VPO: Vivienda de Protección Oficial

NOTA LEGAL

El presente ejemplar es fruto de la experiencia y conocimientos propios en el sector inmobiliario español. Representa solamente una opinión personal del autor y en ningún caso puede ni pretende ser considerada como ninguna recomendación de inversión, fiscal o jurídica alguna. Cada inversor debe analizar el riesgo de sus propias inversiones y asesorarse personalmente antes de la toma de ninguna decisión.

Recuerda que toda inversión conlleva riesgos.

ANEXO I: AJD POR CCAA

Impuestos en la compra de una vivienda nueva:

Comunidad Autónoma	AJD Obra nueva	IVA
Andalucía	1,50%	10%
Aragón	1,50%	10%
Asturias	1,20%	10%
Baleares	1,20%	10%
Canarias	0,40%	6,50%
Cantabria	1,50%	10%
Castilla La Mancha	1,50%	10%
Castilla León	1,50%	10%
Cataluña	1,50%	10%
Ceuta	0,50%	10%
Comunidad de Madrid	0,70%	10%
Comunidad Valenciana	1,50%	10%
Extremadura	1,50%	10%
Galicia	1,50%	10%
La Rioja	1,00%	10%
Melilla	0,50%	10%
Murcia	1,50%	10%
Navarra	0,50%	10%
País Vasco	0,00%	10%

ANEXO II: ITP POR CCAA

ITP por Comunidades Autónomas:

Comunidad Autónoma	ITP
Andalucía	8,00%
Aragón	8,00%
Asturias	8,00%
Baleares	8,00%
Canarias	6,50%
Cantabria	10,00%
Castilla La Mancha	9,00%
Castilla León	8,00%
Cataluña	10,00%
Ceuta	6,00%
Comunidad de Madrid	6,00%
Comunidad Valenciana	10,00%
Extremadura	8,00%
Galicia	10,00%
La Rioja	7,00%
Melilla	6,00%
Murcia	8,00%
Navarra	6,00%
País Vasco	4,00%

ANEXO III: ÁRBOLES DE TOMA DE DECISIONES

Se incorpora en este anexo una serie de árboles de tomas de decisiones para simplificar algunas de las ideas principales del libro.

En tu primera compra

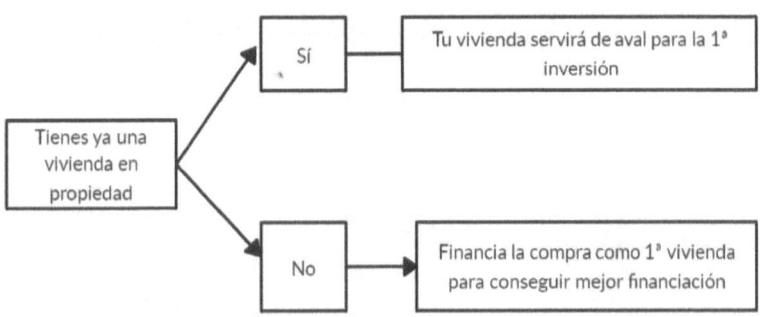

¿Pido o no pido hipoteca?

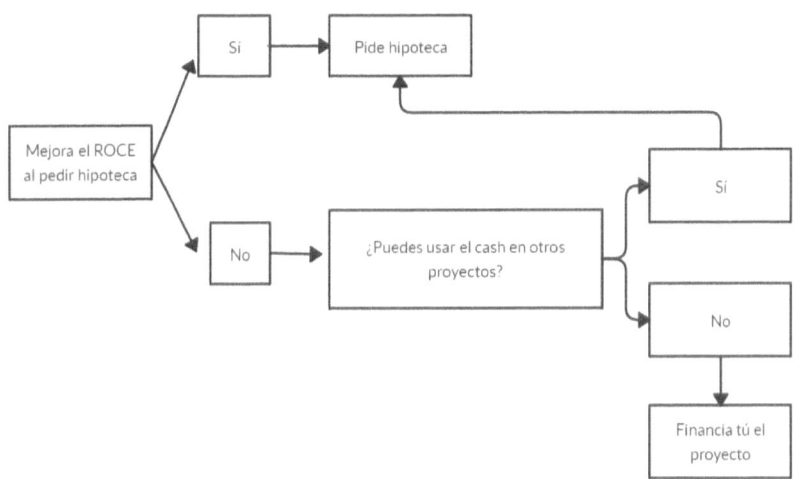

¿Hipoteca fija o variable?

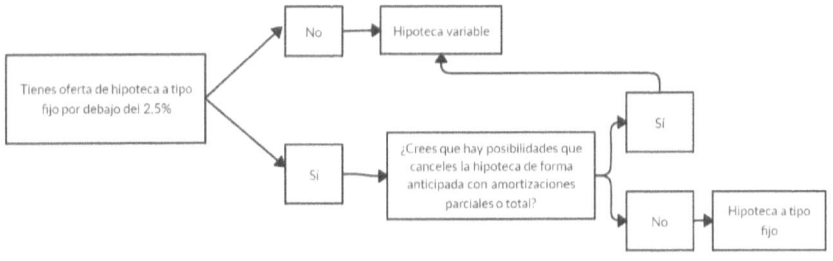

Tipología de negocio

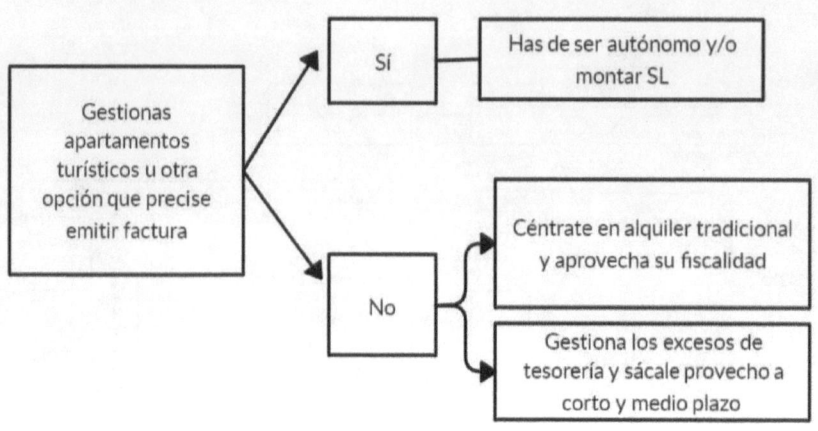

El salto al club de los grandes propietarios

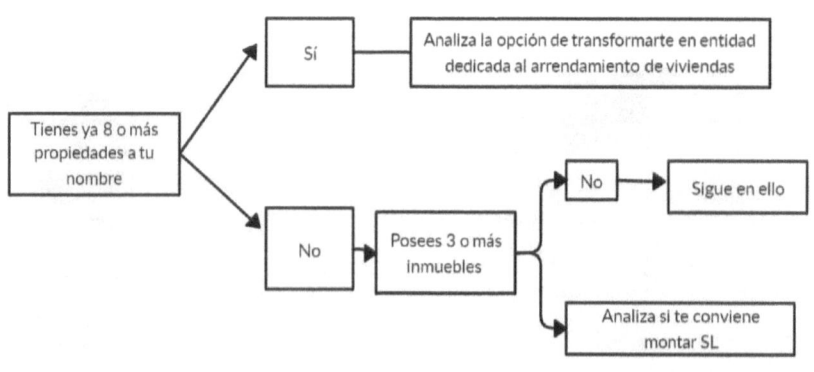

ANEXO IV: RECURSOS GRATUITOS

Hemos preparado una serie de recursos gratuitos que podrás encontrar en la siguiente URL:

https://misfinanzaspersonales.net/recursos-inmobiliario/

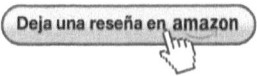

Deja una reseña con tus comentarios y propuestas de mejora, a ti sólo te cuesta 2 minutos y a nosotros nos ayuda mucho.

☆ ☆ ☆ ☆ ☆ Muchas gracias!

Y si te gustó este ejemplar no te pierdas